T0194116

essentials

essentials liefern aktuelles Wissen in konzentrierter Form. Die Essenz dessen, worauf es als „State-of-the-Art" in der gegenwärtigen Fachdiskussion oder in der Praxis ankommt. *essentials* informieren schnell, unkompliziert und verständlich

- als Einführung in ein aktuelles Thema aus Ihrem Fachgebiet
- als Einstieg in ein für Sie noch unbekanntes Themenfeld
- als Einblick, um zum Thema mitreden zu können

Die Bücher in elektronischer und gedruckter Form bringen das Expertenwissen von Springer-Fachautoren kompakt zur Darstellung. Sie sind besonders für die Nutzung als eBook auf Tablet-PCs, eBook-Readern und Smartphones geeignet. *essentials:* Wissensbausteine aus den Wirtschafts-, Sozial- und Geisteswissenschaften, aus Technik und Naturwissenschaften sowie aus Medizin, Psychologie und Gesundheitsberufen. Von renommierten Autoren aller Springer-Verlagsmarken.

Weitere Bände in der Reihe http://www.springer.com/series/13088

Birgit Cronenberg

Organisationen digital und resilient transformieren

Ein Kompass zur ganzheitlichen Organisationsentwicklung

Birgit Cronenberg
Hüttenwerke Krupp Mannesmann GmbH
Duisburg, Deutschland

ISSN 2197-6708   ISSN 2197-6716   (electronic)
essentials
ISBN 978-3-658-30240-5   ISBN 978-3-658-30241-2   (eBook)
https://doi.org/10.1007/978-3-658-30241-2

Die Deutsche Nationalbibliothek verzeichnet diese Publikation in der Deutschen Nationalbiblio-
grafie; detaillierte bibliografische Daten sind im Internet über http://dnb.d-nb.de abrufbar.

Planung/Lektorat: Marion Kraemer
Springer ist ein Imprint der eingetragenen Gesellschaft Springer Fachmedien Wiesbaden GmbH
und ist ein Teil von Springer Nature.
Die Anschrift der Gesellschaft ist: Abraham-Lincoln-Str. 46, 65189 Wiesbaden, Germany

Was Sie in diesem *essential* finden können

- Die wesentlichen Elemente, Ziele und Herausforderungen der digitalen Transformation und der organisationalen Resilienz
- Vorstellung von ausgewählten Instrumenten zur Umsetzung der Konzeptionen in Unternehmen
- Eine Navigationshilfe für eine ganzheitliche und nachhaltige Organisationsentwicklung

Inhaltsverzeichnis

Einleitung 1

Das Smartphone ist kaum mehr wegzudenken und bestimmt das alltägliche Bild in privaten und beruflichen Kontexten. Die ARD/ZDF- Online Studie von 2017 zeigt auf, dass die mobile Internetnutzung vornehmlich durch das Smartphone von 18 % im Jahr 2015 auf 30 % im Jahr 2017 mit verändertem Konsum- und Kommunikationsverhalten einhergeht (Koch und Frees 2017, S. 436 ff.). Parallel finden sich die ersten autonom fahrenden Kleinbusse und erproben die Straßen, wie z. B. der „WePod" (Fluhr 2016). In Japan gehören Roboter in der Krankenpflege schon in das Alltagsbild (Wax 2016) und den möglichen Automatisierungsgrad von Berufsbildern errechnet der „Job-Futuromat" (IAB 2018). Es zeichnet das Bild einer tiefgreifenden gesellschaftlichen Veränderung, das derzeit omnipräsent unter den Begriffen Digitalisierung und digitale Transformation von Wirtschaft, Politik und zunehmend von der Wissenschaft diskutiert wird (Lingnau et al. 2018, S. 4). Die Bundesregierung erklärt die Digitalisierung im Jahr 2016 mit der „Digitalen Strategie 2025" (BMWi 2016a, S. 7) zu einem priorisierten wirtschaftlichen und politischen Handlungsfeld und folgt dabei dem Credo:

> „Die Digitalisierung ändert die Spielregeln. Sie sorgt für enorme Umwälzungen in Wirtschaft und Gesellschaft, bei Arbeit, Konsum, Kooperation und Kommunikation. Und mehr noch als in allen vorherigen Transformationen gilt bei der Digitalisierung: Die Schnellen besiegen die Langsamen. Gewinnen wird, wer frühzeitig neue Märkte erschließt und schnell eigene Standards setzt. Wir müssen den digitalen Wandel als prioritäres politisches und wirtschaftliches Handlungsfeld betrachten […]" (Ebd., S. 8)

Demzufolge verändert sich die Art und Weise, wie wir arbeiten, lernen, konsumieren, produzieren, kommunizieren und kooperieren. Organisationale

© Springer Fachmedien Wiesbaden GmbH, ein Teil von Springer Nature 2020
B. Cronenberg, *Organisationen digital und resilient transformieren*, essentials,
https://doi.org/10.1007/978-3-658-30241-2_1

Abläufe und traditionelle Geschäftsmodelle werden in „Unternehmen"[1] infrage gestellt, wobei es jedem Mitglied der Gesellschaft obliegt die Potenziale und Chancen des digitalen Wandels zu nutzen, egal ob es sich um Umstrukturierungen oder Neugründungen von Unternehmen handelt (Leimeister 2015, S. V).

Gleichermaßen stellt die digitale Transformation den Motor für Wachstum und Wohlstand dar, wobei Praxis und Wissenschaft in der konzeptionellen Umsetzung des digitalen Wandels hinterherhinken (BMWi 2017b, S. 5 ff.). Bis 2020 wird von einem wirtschaftlichen Wachstumspotenzial von 82 Mrd. EUR zusätzlich ausgegangen und dem Internet of Things nahezu 11 Billionen US\$ zugeschrieben, sofern Unternehmen den digitalen Wandel vorantreiben (BMWi 2016a, S. 6). Das BMWi prognostiziert hierzu, dass die Zahl der vernetzten Geräte in dem Zeitraum von 2016 bis 2030 schätzungsweise auf eine halbe Billion ansteigt, wobei derzeit von ca. 20 Mrd. ausgegangen wird (BMWi 2017a, S. 2).

Die technologischen Entwicklungsmöglichkeiten und die ökonomische Motivation sind zentrale Elemente für den Veränderungsdruck auf Unternehmen (Wimmer 2012, S. 269), denn entlang der Wertschöpfungskette verändern sich branchenübergreifend die zukünftigen Geschäftsmodelle weiter in Richtung selbstorganisierter, sowie vernetzungsfähiger, digitaler Prozesseinheiten, was eine stärkere Mensch-Maschine Kooperation erfordert (BMWi 2017c, S. 15). Verändertes Kundenverhalten, schrumpfende Produktzyklen und die Verschlankung interner Prozesse, z. B. in Vertrieb, Personal- und Wissensmanagement sowie der Produktionsketten gehen dabei Hand in Hand (BMWi 2016b, S. 5).

Dieser rasante technologische Fortschritt, sowie die Erhaltung der Wettbewerbsfähigkeit eines globalisierenden, vernetzten Marktes, fordern eine hohe Anpassungsfähigkeit von Unternehmen und ihren Mitarbeitern an volatile, dynamische und komplexe Märkte, sodass organisationale Veränderungs- und Wandlungsfähigkeit, sowie Innovations- und Widerstandskraft von Organisationen, zu den zentralen Drehmomenten gehören (Heller 2018, S. 19; Hieronymi und Eppler 2015, S. 23; Kaune und Bastian 2010, S. 5). Demgegenüber steht in Unternehmen ein erhöhtes Arbeitspensum mit einhergehender psychischer Überbelastung von Menschen durch dünne Personaldecke, Medienbrüche oder veraltete Denk- und IT-Strukturen, sowie gesellschaftliche und umweltbezogene Krisen (Scharmer 2015, S. 26 ff.).

---

[1]Die Begriffe Organisation und Unternehmen werden in diesem *essential* synonym verwendet, denn aus der Perspektive der Organisationsentwicklung und der Organisationswissenschaft wird definiert, dass die Organisation einen Bestandteil der Unternehmung darstellt (Becker 2013, S. 720).

In diesem Kontext erhält das Konzept der organisationalen Resilienz unter der Prämisse, „dass die Resilienz von Unternehmen in einem engen Zusammenhang mit der nachhaltigen Entwicklung unserer Gesellschaft steht" (Schmidpeter 2016, S. IX), wachsendes Interesse. Resilienz lässt sich im Kontext der Arbeitsorganisation zunächst als die Widerstandskraft von Organisationen unter unsicheren, unerwarteten und krisenhaften Umständen oder Veränderungen verstehen (Weick und Sutcliffe 2016, S. 86 ff.). In das junge Forschungsfeld fallen die aufkommenden Konzepte der individuellen -und organisationalen Resilienz, die mit dem Blick auf die Organisationsentwicklung zunehmend in unterschiedlichen wissenschaftlichen Disziplinen sowie von Vertretern aus Wirtschaft, Politik und der Praxis diskutiert und erforscht werden (BMVg 2016, S. 134; Di Bella 2014, S. 5 ff.; Peck et al. 2016, S. 1 ff.; Schulte et al. 2016, S. 140 ff.; Soucek et al. 2016, S. 132 ff.; Philipsen und Ziemer 2014, S. 68 ff.). Es wird davon ausgegangen, dass Unternehmen, die ihre Resilienz fördern, besser in der Lage sind die aktuellen und zukünftigen Wandelanforderungen durch Anpassungsfähigkeit und Widerstandskraft zu antizipieren, wie es eine digital transformierende Wirtschaft erfordert (Peck et al. 2016).

Hand aufs Herz lieber Leser, schlussendlich findet die digitale Transformation unter den o. g. Herausforderungen statt. Unternehmen bewältigen diesen Prozess unter hohen monetären Investitionen und starkem Energieeinsatz, inklusive der Lebenszeit ihrer Mitarbeiter. Es gibt Unternehmen, denen der Anpassungsprozess an die veränderten Rahmenbedingungen gelingt und die sich mitunter neu erfinden, während andere Unternehmen hinterherhinken oder daran scheitern.

Die Gründe dafür sind vielfältig. Innovations- und Veränderungsprojekte versanden, Strategien gehen nicht auf. Produkte auf dem Markt finden keinen Absatz oder Mitarbeiter an Schlüsselpositionen verlassen das Unternehmen zu einem kritischen Zeitpunkt. Um nur einige Ursachen zu benennen: fehlende Kompetenzentwicklung, zu wenig Zeit, zu starre, zu flexible oder gar nicht definierte Prozesse, mangelnde oder überhöhte Innovationskraft, Veränderungsmüdigkeit oder Veränderungswut, zu starke Technologiefixierung oder Unsicherheiten gegenüber neuen Technologiekonzepten, Interessens- und Machtkonflikte oder Entscheidungslosigkeit, mangelnder Informationsfluss oder Informationsflut, Sinnfreiheit oder Betriebsblindheit, weil es aktuell gut läuft oder hierarchische oder zu wenige Strukturen einen Reflexionsprozess untergraben und nicht zuletzt, weil man es nicht anders kennt oder weil man es schon zu kennen glaubt. Es gibt wirkliche und vorgeschobene Gründe, aber auch Branchen- und Systemkrankheiten.

Die Liste ließe sich endlos weiterführen, führt aber an dem Ziel vorbei, sich Gedanken darüber zu machen, warum es die Unternehmung gibt, wieso man in dieser Unternehmung tätig ist, wohin das Unternehmen will und was es dazu braucht. An dieser Stelle geht es darum, wie diese Reiseroute mit all ihrer Komplexität und unvorhergesehenen Ereignissen durch sinnvolle Innovationen, Widerstandskraft und Anpassungsfähigkeit zum Unternehmenserfolg in einer digital gesteuerten Wirtschaftswelt avanciert.

In strukturierter Weise mag Ihnen dieses *essential* eine Orientierungshilfe bieten, um den wichtigen Fragen adäquat nachzugehen und aus dem reichhaltigen Beratungs- und Informationsangebot fundierte Ressourcen an die Hand zu geben. Ermöglicht werden soll Ihnen eine Entdeckungsreise, die Sie inspiriert eine individuelle Lösungsarchitektur zu gestalten und auf ihrem Weg unterstützt Unternehmen digital und resilient zu transformieren.

Hierzu erhalten Sie eine wissenschaftlich angebundene Wissensbasis zu den Trendkonzepten der digitalen Transformation und der organisationalen Resilienz, mit Einblick in die aktuellen Forschungsstände, sowie einer Darstellung wesentlicher Kriterien und Bedingungen zur Umsetzung der Konzeptionen. Aufgezeigt werden ausgesuchte praktikable Instrumente und mögliche Synergieeffekte der digitalen Transformation und der organisationalen Resilienz, die in den Ansatz einer ganzheitlichen und nachhaltigen Organisationsentwicklung münden.

Das Wesentliche der digitalen Transformation

„Perhaps the most common definition-that digital transformation is about the implementation and use of cutting-edge technologies-is also the most misguided" (Kane 2018, S. 9 EBR: AD) Das Zitat zeigt auf, dass unter der digitalen Transformation mehr zu verstehen ist, als die Einführung von IT-Spitzentechnologien, wobei die Annahme im Wirtschaftskontext besteht, dass weitgehend alles digitalisiert werden kann (Mazzone 2014, S. 18 ff.). Das Wesentliche der digitalen Transformation wird in diesem Kapitel für Sie zusammengefasst dargelegt.

2.1 Digitalisierung oder digitale Transformation?

Traditionell wird der Begriff Digitalisierung aus technischer Perspektive interpretiert und meint auf der einen Seite die Informationsübertragung von einem analogen hinzu einem digitalen Speicherformat und auf der anderen Seite eine Verschiebung der Aufgabenbearbeitung von Menschen zu computergestützten Systemen (Hess 2016). Das aktuelle Verständnis erweitert den Begriff insofern, dass nach Bendel einerseits „die digitale Umwandlung und Darstellung bzw. Durchführung von Information und Kommunikation oder die digitale Modifikation von Instrumenten, Geräten und Fahrzeugen" (Bendel 2018) in die Definition einfließen. Andererseits werden die Begriffe digitale Transformation und Digitalisierung meist gleichermaßen verwendet.

Die Digitalisierung basiert, den Ausführungen in Tab. 2.1. zur Folge, im Wesentlichen auf dem Einsatz und der Nutzung moderner Informations- und Kommunikationstechnologien (ITK-Technologien) mit Auswirkungen auf individueller, organisationaler und gesellschaftlicher Ebene. Eine zentrale Rolle spielt die vermehrte Verbreitung mobiler Endgeräte und die Vernetzungsmöglichkeiten des

© Springer Fachmedien Wiesbaden GmbH, ein Teil von Springer Nature 2020
B. Cronenberg, *Organisationen digital und resilient transformieren*, essentials,
https://doi.org/10.1007/978-3-658-30241-2_2

Tab. 2.1 Ausgewählte Definitionen zum Begriff der Digitalisierung. (Quelle: eigene Darstellung)

Quelle	Definition
(Lingnau et al. 2018, S. 4)	„Digitalisierung – hier und im Folgenden verstanden als die zunehmende auf modernen Informations- und Kommunikationstechnologien basierende Ausgestaltung von Arbeits-, Organisations- und Marktprozessen – übt einen maßgeblichen Einfluss auf die Aktivitäten nahezu aller Organisationen aus."
(Auth 2016, S. 114)	„Der Begriff „Digitalisierung" zielt in der Wirtschaft auf die Erlangung von Wettbewerbsvorteilen durch Nutzung innovativer Informationstechnologien zur Befriedigung von individuellen und sich schnell verändernden Kundenbedürfnissen […]"
(Komus und Pliete 2014, S. 4)	„Digitalisierung bedeutet die kontinuierliche Überarbeitung und Neuausrichtung der Produkte nach den Spielregeln eines immer schnelleren und globaleren Marktes. Die Früchte der Digitalisierung in Form digitalisierter Produkte und Geschäftsmodelle können nur dann geerntet werden, wenn die Voraussetzungen geschaffen wurden. Diese umfassen neben einer digitalen Unternehmenskultur mit agilen Methoden, digitalen Fähigkeiten und Werten als grundlegendstes Element Digitale Prozesse, Informationen und Dokumente."
(Leimeister 2015, S. 2)	„Unter Digitalisierung werden alle Veränderungen und deren Ergebnisse in allen Teilen der menschlichen Gesellschaft verstanden, die durch die verstärkte Anwendung von digitalen Technologien entstehen. (Aufbauend auf Stoltermann und Croon Forrs 2004)"

Internets mit Auswirkungen auf das Kundenverhalten in Rückkopplung an Unternehmen mit ihren Produkten, Dienstleistungen und Arbeitsprozessen (Leimeister 2015, S. 2 f.).

Fazit

- Das Wesentliche der digitalen Transformation von Unternehmen ist es neue Zukunftsmärkte durch den Einsatz von digitalen Technologien zu forcieren, in denen Geschäftsmodelle entsprechend modifiziert werden. Das bedeutet die Transformation von Unternehmen mit dem Ziel der Digitalisierung von

Geschäfts- und Wertschöpfungsprozessen, sowie Organisationsstrukturen, an den Kundenanforderungen auszurichten. In diesem Sinne ist die digitale Transformation einem kontinuierlichen Veränderungsprozess gleichzusetzen, was der Aufgabe gleichkommt, einen Wandlungsprozess in Unternehmen zu gestalten.

- Zentrale Aspekte bei dem Gedanken eine digitale Transformation von Unternehmen durchzuführen sind neben den Fragen, welche und wie Technologien implementiert werden, in erster Linie die Fragen zu umfassenden strategischen Überlegungen. Hierein fallen u. a. die Bereiche Unternehmensstrategie, Organisationsstruktur, Organisationsgestaltung, Führung und Managementmodelle, Talent Management, und das gesamte Unternehmensnetzwerk.
- Gleichermaßen ist der Umgang mit unsicheren Faktoren zu bedenken, wie z. B. das Verhalten und der digitale Nutzungsgrad von Unternehmens- und Netzwerkakteuren (Mitarbeiter, Kunden, Lieferanten, Partner, Wettbewerber) ◄

Die angeführten Definitionen in Tab. 2.2 zur digitalen Transformation zeigen, dass es nicht die eine Interpretation gibt, sondern unterschiedliche Aspekte betrachtet werden, die in einem Gesamtzusammenhang den Blick auf die digitale Transformation weiten und ein mehrdimensionales Bild entfalten. Folgende Definitionsangebote lassen sich für den Unternehmenskontext ableiten:

Digitalisierung lässt sich als einen Entwicklungsprozess durch den Einsatz und die Nutzung moderner, vernetzungsfähiger ITK-Technologien bezeichnen, wodurch Wertschöpfungsprozesse und Organisationsmodelle zunehmend automatisiert, sowie virtualisiert werden und mit der Modellierung von Geschäftsmodellen einhergehen, die sich mit ihren Dienstleistungen und Produkten an die Kundenanforderungen eines globalisierenden und zunehmend vernetzten Marktes ausrichten.

Die *digitale Transformation* lässt sich als einen strukturellen Wandel durch die Digitalisierungsprozesse von Organisationen bezeichnen und schließt an die Definition der Digitalisierung an. Dieser fortwährende, bewusste Transformationsprozess verläuft in Abhängigkeit mit den Wechselwirkungen von Kundeninteraktionen, Unternehmens- und Wertschöpfungsnetzwerken.

Tab. 2.2 Ausgewählte Definitionen zum Begriff der digitalen Transformation. (Quelle: eigene Darstellung)

Quelle	Definition
(Pousttchi 2017)	„Der Begriff Digitale Transformation bezeichnet die erheblichen Veränderungen des Alltagslebens, der Wirtschaft und der Gesellschaft durch die Verwendung digitaler Technologien und Techniken sowie deren Auswirkungen. Typischerweise wird der Begriff im engeren Sinne für die Teilmenge entsprechender Veränderungen von Unternehmen und Branchen verwendet, wobei zwischen den Dimensionen Leistungserstellung, Leistungsangebot und Kundeninteraktion unterschieden werden kann. Treten die Veränderungen plötzlich und umbruchartig ein, wird hierfür der Begriff Disruption verwendet"
(Mazzone 2014, S. 8)	„Digital Transformation is the deliberate and ongoing digital evolution of a company, business model, idea, process, or methodology, both strategically and tactically"
(Stoltermann und Croon Fors 2004, S. 689)	„The digital transformation can be understood as the changes that the digital technology causes or influences in all aspects of human life" (…) „One of the most important changes that come with the digital transformation is that our reality by and through information technologies slowly becomes more blended and tied together". (…) „The digital transformation leads in that sense to a world where everything is connected, almost in a way that is common in many spiritual understandings of our reality"
(Westermann et al. 2011, S. 5)	„Digital transformation (DT) – the use of technology to radically improve performance or reach of enterprises"
(Kane 2018, S. 9 EBR: AD)	„I believe the most productive view of digital transformation is that it is about adopting business processes and practices that position organizations to compete effectively in an increasingly digital world"
(Azhari et al. 2013, S. 16)	„[…] die digitale Transformation […] Gemeint ist damit der zielgerichtete Einsatz von digitalen Technologien, um Wertschöpfungsprozesse neu zu gestalten und relevante Chancen in Zukunftsmärkten zu erschließen."

2.2 Konzepte und Elemente der digitalen Transformation

Das Konzept der digitalen Transformation wurzelt in den massiven Technologiesprüngen der vergangenen Jahrzehnte. Eine zentrale Rolle spielt aktuell die steigende Nutzung mobiler, vernetzungsfähiger Endgeräte und deren Weiterentwicklung, sowie die Vernetzungsfähigkeiten durch das Internet, die gleichsam als Bedingung anzusehen sind (Leimeister 2015, S. 2).

Unter dem Label Industrie 4.0 wird ein Zukunftsprojekt verstanden, das sich auf den industriellen Zweig der Wirtschaft bezieht, „der materielle Güter mit einem hohen Grad an Mechanisierung und Automatisierung erstellt" (Lasi et al. 2014, S. 261), wobei die virtuelle und physische Welt der industriellen Wertschöpfungsprozesse immer weiter verschmilzt (Ebd., S. 261 ff.). Die Verzahnung von cyber-physischen Systemen und dem Internet der Dinge (s. u. Def. IoT) revolutioniert dabei die Produktionskette durch die Integration von Geschäftspartnern, Kunden, Wertschöpfungs- und Geschäftsprozessen mit der Zugriffsmöglichkeit in Echtzeit auf die Kernressource, nämlich die Daten durch die Vernetzung zu Wertschöpfungsnetzwerken (Leimeister 2015 176 f.). Das Konzept der Industrie 4.0 steht in diesem Sinne für „die vierte industrielle Revolution, einer neuen Stufe der Organisation und Steuerung der gesamten Wertschöpfungskette über den Lebenszyklus von Produkten" (BMWi 2015b, S. 2), die sich an die individuellen Kundenbedarfe ausrichtet und durch die Entschlüsselung der Daten ausgewertet, sowie gesteuert werden (BMWi 2015a, S. 6 ff.).

Die technologischen Konzepte mit ihren Auswirkungen bilden gleichermaßen die Treiber für den Transformationsprozess von Unternehmen. Die wesentlichen Konzepte werden hierzu nun skizziert.

Big Data. bezeichnet die Erfassung und Verarbeitung hoher Mengen unstrukturierter Rohdatenströme, die sich aus den Quellen vernetzter Wertschöpfungsnetzwerke oder personenbezogener Daten generieren lassen (BMAS 2017, S. 63 ff.; BMWi 2015a, S. 8). Durch Data Mining Prozesse werden die Rohdaten zu verwertbaren Daten modelliert, also durch Algorithmen, die nach speziellen Zielkriterien programmiert werden und einen Echtzeitzugriff erlauben, um, z. B. ein bestimmtes Kaufverhalten auszuwerten und Produkt- oder Dienstleistungsangebote sofort zur Verfügung zu stellen (siehe z. B. Google oder Facebook integrierte und individualisierte Werbebanner) (BMAS 2017, S. 65; BMWi 2015a, S. 8). Den Spielarten der Datenverwertung sind im Grunde genommen kaum Grenzen gesetzt, wie Watson zeigt und benötigen deshalb Datenschutzregelungen (IBM 2018; BMAS 2017, S. 65 ff.). Watson ist ein Cognitive Computing System von IBM mit dessen Hilfe auf weltweite Daten zugegriffen wird und Auswertungen in Echtzeit z. B. für unternehmensstrategische Entscheidungen erlaubt oder im Gesundheitssektor zur Bestimmung von Krebstherapien eingesetzt wird und sich durch die Nutzung ständig weiterentwickelt (IBM 2018).

Cloud-Technologien. Die Cloud steht für die Möglichkeit durch das Internet Daten an einem zentralen Ort zu speichern, wobei der Zugriff zeitlich und örtlich unabhängig möglich ist (BMWi 2015a, S. 8 f.). Das Angebot u. a. von IT-Herstellern, aber auch zunehmend von digitalen Produkt- und Dienstleistungsanbietern beinhaltet softwarebasierte Anwendungen und Dienste, die von einfachen Office Produkten bis hin zur Abbildung komplexer Geschäftsprozesse mit kompletten Rechenzentrumsdienstleistungen reichen (BMWi 2015a, S. 8 f.; Leimeister 2015, S. 4 f.). Cloudanwendungen erlauben Zugriffe und Zusammenarbeit über mobile Endgeräte was einen Vorteil darstellt. Die Fragen der Datensicherheit und des Datenschutzes sind wichtige Klärungspunkte, insbesondere wenn es um unternehmenskritische Daten und Anwendungen geht (BMWi 2015a, S. 22 f.). Gleichzeitig bilden die modernen Cloudtechnologien grundlegende Rahmenbedingungen für den ausgereiften Einsatz der IoT (Internet of Things) – und Big Data Konzepten (BMWi 2015a, S. 8 f.; IT Wissen.info 2017).

Cyber-Physische (Produktions-) Systeme. Zunehmend bilden cyber-physische Systeme intelligent vernetzte Systeme, die durch die IT in einem permanenten Datenaustausch sind und aus Maschinen, beweglichen Gegenständen und Geräten bestehen und, z. B. in Produktionsbetrieben ihren Einsatz finden (BMWi 2015a, S. 8; Lingnau et al. 2018, S. 4).

Internet of Things (IoT). Im deutschen Internet der Dinge oder erweitert Internet der Dinge und Dienste benannt, meint die intelligente Vernetzung von Geräten, Maschinen und Diensten durch Sensoren und softwarebasierte Schnittstellen. Unabhängige Techniken und Systeme arbeiten und produzieren dadurch nahtlos und global zusammen, wodurch standardisierte Rahmenbedingungen auf internationaler Ebene erforderlich sind (BMWi 2017a, S. 9; Lingnau et al. 2018, S. 4).

Smart Factory. Unter dem Begriff Smart Factory fallen sich selbst steuernde, intelligente Fabrik- und Produktionsmodelle, die in der Fertigung mit autonomen Systemen, Sensoren und Aktoren vollständig ausgestattet und vernetzt sind (Lasi et al. 2018, S. 262).

Die Vorteile und Chancen, die sich nach Leimeister für Unternehmen aus den skizzierten technologischen Konzepten ergeben, sind die intelligente, reibungslose Verknüpfung der Wertschöpfungsnetzwerke mit der Möglichkeit direktes

Feedback durch den Echtzeitzugriff auf die Daten zu erhalten und damit die Informationen über individuelle Kundenbedarfe und das Kaufverhalten auszuwerten, um daraus zeitnah innovative Produkte und Dienstleistungen zu entwickeln und an den Markt zurückzuspielen. Das bedeutet für Unternehmen, „genau die gewünschte Leistung in der gewünschten Qualität zum richtigen Zeitpunkt erbringen" (Leimeister 2015, S. V). Infolge dessen gilt es die Betreiber-, Geschäfts- und Servicemodelle zu modifizieren, die an wettbewerbskritischen Kundenschnittstellen neue digitale Kern- und Zusatzleistungen entstehen lassen. Durch die Automatisierungsprozesse lassen sich, sowohl interne Organisationsprozesse vereinfachen, als auch die Wertschöpfungskette ökonomisch attraktiv abbilden, um in einer digitalen Wirtschaft Nutzwerte zu schaffen (Ebd.). Essenziell sind die Fragen nach dem Kundennutzen, der Datensicherheit- und dem Datenschutz sowie nach Regularien internationaler Standards und den Rahmenbedingungen der globalen Vernetzung von Unternehmens- und Kundennetzwerken. Weiterhin die Frage danach, wie sich die zukünftige Arbeit und Qualifizierung in der Mensch-Maschine Kooperation ausgestalten lässt, wenn hohe Automatisierungsgrade erreicht werden können (BMAS 2017c, S. 98 ff.; Leimeister 2015, S. V).

Neben den technologischen Bedingungen führen Lasi et al. die Entwicklung auf politische, gesellschaftliche und ökonomische Veränderungen zurück. Hierein fallen *kurze Entwicklungszeiten:* Innovationsfähigkeit ist zentral für das zukünftige Überleben von Unternehmen, die mit einem verkürzten Innovations- und Entwicklungszyklus einhergehen. *Individualisierung:* Resultiert aus dem Wandel hin zu einem Käufermarkt, der zu einer Produktindividualisierung, konfiguriert durch den Kunden, führt. *Flexibilität:* Insbesondere wird Flexibilität in der Produktion durch die veränderten Rahmenbedingungen gefordert. *Dezentralisierung:* Die o. g. Bedingungen erfordern den Abbau hierarchischer Strukturen zur Verkürzung der Entscheidungswege. *Ressourceneffizienz:* Die Konzentration auf eine nachhaltige Produktionsentwicklung ist aufgrund der Ressourcenknappheit von großer Bedeutung, weil sich mit Blick auf die ökologische Situation die Gesellschaft in einem Wertewandel befindet (Lasi et al. 261 f.).

Fazit	
Grundlegende Rahmenbedingungen	Datensicherheit und Datenschutz
	Rahmenbedingungen internationaler Standards, im Rahmen der Umsetzung von globalen Unternehmens- und Kundennetzwerken
	Mitarbeiterqualifizierung
	Zukünftige Arbeitsplatzausgestaltung bei zunehmendem Automatisierungsgrad
Rahmenbedingungen durch die Veränderungen auf gesellschaftlicher-, politischer-, ökonomischer- und ökologischer Ebene	Flexibilität
	Individualisierung
	Kurze Entwicklungszyklen
	Ressourceneffizienz
	Dezentralisierung

- Die digitale Transformation von Unternehmen steht neben den grundlegenden Rahmenbedingungen in Wechselwirkung mit den technologischen, ökonomischen, ökologischen, politischen und gesellschaftlichen Trends und Treibern, die sich gleichermaßen als Voraussetzungen und Bedingungen bezeichnen lassen.
- Zu den wesentlichen Technologiekonzepten zählen, z. B. Big Data, Cyber-Physische Systeme, Cloud Technologien, IoT und der Smart Factory.
- Der Einsatz, die Entwicklung und Nutzung mobiler Endgeräte, der vielfältige Formen annehmen kann, gehört im Zusammenhang mit Kundennutzen und Verhalten ebenso zu den Voraussetzungen, die eine digitale Transformation von Unternehmen beeinflussen. ◀

2.3   Ziele und Herausforderungen der digitalen Transformation

Der Leitgedanke der digitalen Transformation verfolgt durch einen umfassenden strukturellen Wandel über die gesamten Organisationsstrukturen hinweg branchenübergreifend eine zukunftsorientierte Wettbewerbssicherung von Unternehmen (Azhari et al. 2013, S. 16). Das Ziel der digitalen Transformation ist es „umfassende interoperable Verknüpfung von Prozessen, Maschinen, Geräten und

Menschen" (Komus und Pliete 2014, S. 7) fortwährend zu entwickeln und dabei den Automatisierungsgrad zu erhöhen, papierlose Prozesse weiter auszubauen sowie neue Geschäftsmodelle zu generieren, was wiederum den digitalen Reifegrad von Unternehmen erhöht (Azhari et al. 2013, S. 16; Kane et al. 2016, S. 6). Die komplexe Vernetzung birgt auf der Ebene der Infrastruktur die Herausforderung hohe Datenvolumen zu transferieren, sodass Kommunikationsinfrastrukturen auf Breitband ausgelegt sein müssen und die technischen Standards umfassend auf den schnellen Austausch von Informationen, innerhalb und außerhalb der System- und Unternehmensgrenzen, funktional auszurichten sind, um die notwendigen Voraussetzungen zu gewährleisten (Komus und Pliete 2014, S. 7).

Auf der strategischen Ebene ergibt sich die Herausforderung die richtige digitale Strategie zu wählen, die entweder eine *Kundenbindungs- (customer engagement strategy) oder eine Digitalisierungsstrategie (digitized solutions strategy)* verfolgen sollte, wie die Studie des MIT Center for Information Systems Research und der Boston Consulting Group nach Ross et al. zeigt. „The most important requirement for a great digital strategy, however, is to choose one kind of strategy or the other, not both" (Ross et al., S. 15 EBR: AD). Eine *Digitalisierungsstrategie* zielt laut Ross et al. auf mit Informationen angereicherte Produkte und Dienstleistungen ab, die neue Werte für die Kunden schafft und verändert das, was Unternehmen verkaufen. Ziel ist es diversifizierte Produkte und Dienstleistungen in Lösungen zu integrieren, Produkte und Dienstleistungen mit Informationen und Fachwissen zu verbessern, die zur Lösung von Kundenproblemen beitragen und einen Mehrwert über den gesamten Lebenszyklus von Produkten und Dienstleistungen schaffen. Im Laufe der Zeit können digitalisierte Lösungen das Geschäftsmodell eines Unternehmens verändern, indem sie die Grundlage für ihre Einnahmen aus dem Transaktionsverkauf verfeinern und werthaltige Angebote mit wiederkehrenden Einnahmen schaffen. Im Mittelpunkt der *Kundenbindungsstrategie* hingegen steht nach Ross et al. die Entwicklung von Kundenbindung auf der Grundlage von Vertrauen und im besten Fall einer Leidenschaft, sprich einer starken emotionalen Bindung. Diese Strategie zielt auf eine personalisierte Erfahrung ab, die die Kundenbindung und die Loyalität der Kunden fördert. Unternehmen, die sich für diesen Ansatz entscheiden, bieten nahtlose, allumfassende Kundenerlebnisse, schnelle Reaktionen auf neue Kundenanforderungen und personalisierte Beziehungen, die sich auf tiefe Kundenerkenntnisse stützen. In Anbetracht der ständig steigenden Kundenerwartungen erkennen Unternehmen mit einer guten Kundenbindungsstrategie ständig neue Möglichkeiten, um mit ihren Kunden in Kontakt zu treten. Eine *digitale Strategie,* die auf *operational excellence* abzielt, mag eine dritte Wahl sein, aber nach Ross et al. ist operational excellence die Mindestvoraussetzung

für ein digitales Geschäft und nicht die Grundlage für einen nachhaltigen Wett-
bewerbsvorteil. Zusammenfassend lässt sich sagen, dass die beste Strategie
für ein Unternehmen von den vorhandenen Fähigkeiten und der Art und Weise
abhängt, wie es im Wettbewerb bestehen will (Ebd., S. 15 ff.).

Der Blickwinkel des BMAS erweitert die Perspektive bezüglich der Ziele und
Herausforderungen der digitalen Transformation auf eine zukunftsorientierte gute
Arbeitswelt. In Unternehmen sollen damit Voraussetzungen geschaffen werden,
um für eine demokratische und innovative Gesellschaft zu sorgen, die durch die
Teilhabe von Mitarbeitern geprägt ist. Die Leitziele des BMAS beinhalten durch
eine gerechte Verteilung und Entlohnung von Produktionsgewinnen im Rahmen
der Digitalisierung, sowie individuelle und soziale Absicherungen durch den
Sozialstaat, den Tarifverträgen und entsprechenden Regelungen für Selbst-
ständige soziale Sicherheit und Einkommen als elementare Voraussetzungen.
Weiterhin die Integration von guter Arbeit durch Qualifizierung und Chancen-
gleichheit mit Ausblick auf Vollbeschäftigung. Flexibilisierung von Arbeits-
modellen, die sich an individuellen Erfordernissen der Lebensphasen orientieren.
Sicherung der Arbeitsqualität durch Arbeitsschutz, trotz dem Mensch-Maschine
Zusammenspiel, neuer Organisationsformen, Flexibilisierungen und Big Data
Konzepten in Produktionsprozessen. Zusammendenken von Unternehmenskultur
und Mitbestimmung, sowie eine gute Führungskultur sind ebenso elementare
Bestandteile (BMAS 2017, S. 92 ff.).

Die aufgeführten Leitziele gelten als empfohlene Rahmenbedingungen, die
zwischen Betrieben und Sozialpartnern auszuhandeln und zu gestalten sind sowie
als Richtschnur und Herausforderungen, die neben den Strukturumbrüchen durch
die Trends und Treiber des digitalen Wandels in der Unternehmensorganisation,
zu bedenken sind (Ebd., S. 86 ff.).

Markante Kennzeichen, die sich für die Unternehmensentwicklung abzeichnen
und die zu beachten sind, werden in der Studie von Hofman et al. benannt:
„Virtualisierung von (Zusammen-) Arbeitsprozessen […] Flexibilisierung von
Menge, zeitlicher und personaler Allokation sowie der Zuordnung von Arbeits-
aufgaben auf Arbeitsleistende […] die Verlagerung des unternehmerischen
Risikos […] auf eben diesen Arbeitsleistenden selbst." (Hofman et al. 2014,
S. 8 ff.).

Das BMAS geht überdies davon aus, dass es noch nicht klar ersichtlich ist in
welchem Umfang die digitale Transformation „das integrierte Unternehmen und
den Betrieb als physischen Ort der Wertschöpfung weiter auflösen und den Trend
hin zu einem Netzwerk-Unternehmen verstärken wird" (BMAS 2017, S. 85 f.).

Es erscheint nicht zwingend, dass jedes Unternehmen eine radikale Neuorganisation durchlaufen muss, doch im Zuge des digitalen Wandels zeichnet sich die Notwendigkeit für den Ausbau eines digitalen Produkt- und Dienstleistungsangebotes ab, um die Wettbewerbsfähigkeit zu erhalten (Ebd., S. 85 f.).

Das Ziel Prozesse, Dienstleistungen und Produkte zu digitalisieren bedeutet nach Schallmo et al. gleichsam die Herausforderung notwendige Veränderungsprozesse zu initiieren und bildet damit den Kern der digitalen Transformation. Dadurch wird in die wesentlichen Leistungsfelder, sowie in die Aufbau- und Ablauforganisation von Unternehmen eingegriffen, das wiederum den Kernbereich der Organisationsentwicklung darstellt. Das erfordert ebenso im Rahmen einer zukunftsorientierten Ausrichtung, die Innovationsansprüche an die Interessensgruppen mit den Möglichkeiten der Gestaltung zu harmonisieren und den Prozess frühzeitig zu initiieren, damit die digitale Transformation gelingt (Schallmo et al. 2017, S. 33).

Fazit

Strategische Ziele – Digitale Strategie Entscheidung für eine Strategie in Abhängigkeit von Marktposition, Fähigkeiten der Organisation und strategischer Ausrichtung	Kundenbindungsstrategie (Customer Engagement Strategy)
	Digitalisierungsstrategie (Digitized Solutions Strategy)
	Operational Excellence Strategie bildet eine Mindestvoraussetzung auf der eine Digitalisierungsstrategie aufbaut
Voraussetzungen auf der Infrastrukturebene	Kommunikations-Infrastrukturen auf Breitband ausrichten
	Technische Standards für schnellen Informationsaustausch innerhalb und außerhalb der Unternehmensgrenzen
Markante Kennzeichen und Herausforderungen für eine zukünftige Unternehmensentwicklung	Virtualisierung von Arbeitsprozessen und der Zusammenarbeit
	Flexibilisierung von Arbeitsprozessen: Menge, Zeit, Zuordnung und Verteilung von Arbeitsaufgaben
	Verlagerung des unternehmerischen Risikos auf Arbeitsleistende

Leitziele für den gesamten Arbeitsmarkt mit Auswirkung auf Unternehmen, basierend auf der Idee einer demokratischen, innovativen Gesellschaft und Mitarbeiterpartizipation	Soziale Sicherheit und Einkommenssicherheit, sowie gerechte Einkommensverteilung bei der Entlohnung aus Produktionsgewinn im Rahmen der Digitalisierung; individuelle und soziale Absicherung durch den Sozialstaat, der Regelung von Tarifverträgen und entsprechende Regelungen für Selbstständige
	Ausblick auf Vollbeschäftigung durch Qualifizierung und Chancengleichheit
	Lebensphasenorientierte Flexibilisierung von Arbeitsmodellen
	Sicherung der Arbeitsqualität und des Arbeitsschutzes im Hinblick auf neue Organisationsformen und im Prozess der digitalen Produktionsprozesse
	Unternehmenskultur, die auf eine demokratische Führungskultur abzielt und die Mitarbeiterpartizipation hervorhebt

- Die Ziele der digitalen Transformation beinhalten gleichermaßen die Herausforderungen, die für Unternehmen zu bewältigen sind.
- Der Leitgedanken der digitalen Transformation, nämlich eine branchenübergreifende, zukunftsorientierte Wettbewerbssicherung von Unternehmen zu gewährleisten, erfordert die Initiierung eines umfassenden strukturellen Wandels über die gesamte Organisationsstruktur hinweg und damit ein Eingreifen in die Aufbau- und Ablauforganisation.
- Die Zielstellung der digitalen Transformation beinhaltet dementsprechend eine Vernetzung von Menschen, Maschinen, Geräten und Prozessen, das bedeutet eine prozessorientierte, fortwährende Entwicklung sicherzustellen. Folglich gilt es die Automatisierungsgrade zu erhöhen und papierlose Prozesse voranzutreiben, um Medienbrüchen entgegenzuwirken, Datensilos abzubauen und eine reibungslose digitale Wertschöpfungskette abzubilden.
- Diese Ausrichtung fordert die Entwicklung hin zu mehr virtuellen Organisationsformen, die sich netzwerkartig organisieren, mit der Einschränkung, dass dies nicht für jede Organisation gelten muss.
- Auf gesamtstrategischer Ebene ist es darum empfehlenswert herauszuarbeiten, inwieweit ein Unternehmen ‚nur' einen Prozess der Digitalisierung weiter vorantreibt oder inwiefern ein ‚tiefgreifender organisationaler Strukturwandel, respektive neue Geschäftsmodelle', zu gestalten sind. Gleichermaßen ist es von Nöten die Offenheit für Veränderung innerhalb dieses Entwicklungsprozesses beizubehalten, um etwaige Kurskorrekturen vorzunehmen. ◄

2.4   Digitale Reifegradentwicklung von Unternehmen

Für Unternehmen ergeben sich maßgebliche Konsequenzen, denn einerseits gilt es das Konzept der digitalen Transformation auf strategischer Ebene zu bedenken und andererseits operativ umzusetzen. Hierzu bedarf es Instrumente, die sich als geeignet erweisen, um Unternehmen auf dem Weg der digitalen Transformation zu begleiten. In der Praxis werden hierzu unterschiedliche Reifegradmodelle herangezogen, mit dem Ziel den Digitalisierungsgrad zu erhöhen. Die ausgewählten Instrumente, die hier vorgestellt werden, basieren auf Kooperationsarbeiten von renommierten Beratungsunternehmen und Universitäten, mit Erkenntnissen aus Wissenschaft und Praxis.

2.4.1   Digital Maturity Model nach Kane et al

Die Studie von MIT Sloan Management Review und Deloitte digital/Deloitte University Press nach Kane et al. aus dem Jahr 2016 betrachtet, inwieweit Unternehmen im Hinblick auf die Ausrichtung für eine digitale Zukunft vorbereitet sind und welche Fähigkeiten entwickelt werden müssen, um die Unternehmensaktivitäten von Menschen, Kultur und Struktur für eine digitale Unternehmenszukunft zu synchronisieren. Befragt wurden mehr als 3700 Personen in führenden Positionen in 131 Ländern, 27 Branchen und verschiedenen Unternehmensgrößen. 90 % der Befragten sehen disruptive Entwicklungen durch digitale Trends in der Industrie, davon fühlen sich 44 % gut vorbereitet und geben an, dass es sich um eine herausfordernde Aufgabe handelt. Die meisten Unternehmen sind jedoch durch mangelnde Ressourcen, Mangel an Talenten und durch andere Prioritäten eingeschränkt, sodass Führungskräfte digitale Initiativen managen müssen, die entweder in Form von Projekten oder auf Aktivitäten innerhalb einer bestimmten Abteilung, Funktion oder eines bestimmten Kanals beschränkt sind (Kane et al. 2016, S. 3 ff.).

Grundlage der Studien bildet das Digital Maturity Model (Ebd. S. 5 f.). Ergebnisse in den Studien mit den Vergleichsjahren 2016, 2017 und 2018 (siehe Tab. 2.3) zeigen vor dem Hintergrund der Selbsteinschätzung, wo sich die eigene Organisation im Hinblick auf den digitalen Reifegrad auf einer Skala von 1–10 befindet. Zur Selbsteinschätzung des digitalen Reifegrades wird der Frage nachgegangen, inwieweit sich die Teilnehmenden eine ideale, digitalisierte Organisation vorstellen, in der durch digitale Technologien die Fähigkeiten und Prozesse verbessert werden sowie alle Mitarbeiter einbezogen werden, um die Wertschöpfung der Geschäftsmodelle voran zu treiben. In der Selbsteinschätzung kristallisiert sich nach Kane et al. drei Gruppen (siehe Tab. 2.5) heraus:

Tab. 2.3 Digitale Reifegrad Gruppierung der Vergleichsjahre 2016–2018. (Quelle: eigene Darstellung in Anlehnung an Kane et al. 2016, S. 6; 2017, S. 6; 2018, S. 7)

Early (Skala 1–3)	Developing (Skala 4–6)	Maturity (Skala 7–10)
Repräsentiert den reifen, stark fortgeschrittenen digitalen Grad	Repräsentiert den mittleren Reifegrad	Repräsentiert das frühe Stadium der digitalen Reife
32 % (2016)	42 % (2016)	26 % (2016)
34 % (2017)	41 % (2017)	25 % (2017)
25 % (2018)	44 % (2018)	30 % (2018)

Die Untersuchung von 2016 zeigt auf, dass 90 % der Befragten, die es schaffen die Einschränkungen zu überwinden und damit digitale Technologien, Prozesse, Talentbindung und Geschäftsmodelle verändert haben, eine digitale Strategie in die Gesamtstrategie des Unternehmens integriert haben (Kane et al. 2016, S. 3).

Ein Schlüsselergebnis dieser Studie ist das Herausfinden von branchenübergreifenden, gemeinsamen Merkmalen der digital heranreifenden Organisationen. Zu den Merkmalen gehören: eine *erhöhte Risikobereitschaft, schnelles Experimentieren, hohe Investitionen in Talente sowie die Rekrutierung und Entwicklung von Führungskräften mit starken Soft Skills;* die technologischen Skills stehen dabei weniger im Vordergrund (Ebd., 3 f.). Weitere Faktoren und Erläuterungen, die als hilfreich für eine Kulturstärkung von Organisationen erachtet werden, um die digitale Zukunft anzutreiben sind: *Schaffung einer effektiven digitalen Kultur (*etwa 80 % der Befragten aus digital reifenden Unternehmen fördern aktiv die Risikobereitschaft, Agilität und Zusammenarbeit). *Kommittent und Engagement (*die Führungsspitze von digital reifenden Unternehmen stellt Ressourcen zur Verfügung und ermöglicht die Entwicklung von Führungskräften, weil die Wechselbereitschaft von Führungstalenten bei etwa 30 % liegt, wenn diese Option nicht vorhanden ist). *Investition in eigene Talente (*etwa 71 % der Befragten in digital reifen Unternehmen, die in ihren Mitarbeitern Ressourcen und Möglichkeiten zur Entwicklung eines digitalen Scharfsinns bereitstellen, scheinen erfolgreicher zu sein und gleichzeitig neue Mitarbeiter zu gewinnen). *Technisches Wissen wird durch Soft Skills übertroffen (*als *die wichtigsten Fähigkeiten von Führungskräften werden Soft Skills benannt,* nur 18 % der Befragten sehen die technologischen Fähigkeiten als die Wichtigsten an, auch *organisatorische Fähigkeiten* werden mit 22 % benannt). Zu den weiteren

Eigenschaften von Führungskräften zählen: *Vordenker sein, eine transformations-orientierte Vision haben, über eine Denkweise (Mindset) verfügen, die auf Ver-änderung ausgerichtet ist* und *Führungs- und Kooperationsfähigkeiten haben* (Ebd., S. 3 ff.).

Insgesamt werden hierarchische und konservative Organisationen als ineffizient angesehen, um innewohnende Antriebe für eine digitale Trans-formation nutzbar zu machen. Demgegenüber können zu flache, flexible Strukturen bei Risiken eine Kultur des Kämpfens hervorrufen. Als entscheidende Herausforderung wird deshalb die Übereinstimmung der komplexen Faktoren von Kultur, Menschen, Struktur und Aufgaben, die Unternehmensstrategie sowie die Herausforderungen einer sich ständig verändernden digitalen Landschaft benannt, die es zu synchronisieren gilt (Ebd., S. 4).

2.4.2   Readiness-Check Mittelstand 4.0 Kompetenzzentrum Kaiserslautern

Das Kompetenzzentrum Kaiserslautern stellt den onlinebasierten *Readiness-Check Digitalisierung* zur Bestimmung des digitalen Reifegrades für KMU, kostenlos mit Auswertung zur Verfügung (Mittelstand 4.0 Kompetenzzentrum Kaiserslautern 2018). Kooperationspartner, der vom BMWi ins Leben gerufenen Initiative, sind die TU Kaiserslautern, smartFactory KL e. V., Deutsches Forschungszentrum für Künstliche Intelligenz GmbH und das Institut für Techno-logie und Arbeit e. V. (Ebd.).

Bei dem Readiness-Check wird in den drei Sektoren Industrie, Handwerk und Dienstleistung unterschieden sowie 25 Kriterien in 5 Handlungsfeldern überprüft. Diese beinhalten die Dimensionen nach Helge et al. (Helge et al. 2019, S. 14), wie in Tab. 2.4 einzusehen.

Die Reifegradstufen umfassen nach Helge et al. (Helge et al. 2019, S. 14), wie in Tab. 2.5 abgebildet.

Der Readiness-Check bildet einen übergeordneten Reifegrad-Indikator (Readinessfaktor) ab, der aus dem arithmetischen Mittel aller Indikatoren bestimmt wird. Ebenso wird in den einzelnen Dimensionen die Einordnung inner-halb der fünf Reifegrad-Stufen vorgenommen, um die digitale Entwicklung der KMU flankierend zu unterstützen. Begleitende Beratungsangebote können von Unternehmen ebenso beansprucht werden (Ebd., S. 11 ff.).

Tab. 2.4 Dimensionen Readiness-Check nach Helge et al. (Quelle: eigene Darstellung in Anlehnung an Helge et al. 2019, S. 14)

Dimension	Erläuterung
Strategie	Aspekte der Unternehmensführung, strategische Digitalisierungsziele, Geschäftsmodellentwicklung sowie Investition in Digitalisierungstechnologien
Technologie	IT-Infrastruktur, Vernetzung, Modularisierung, Wandelbarkeit und Big Data
Produkte & Dienstleistungen	IoT Fähigkeit der Produkte, Produktentwicklung sowie intelligente Produkte und Services
Organisation & Prozesse	Standardisierungsgrad/Agilität von Prozessen, Innovationsmanagement, Kooperation sowie ortsunabhängiges Arbeiten
Mitarbeiter	Partizipation, Qualifikation, Motivation sowie Führung

Tab. 2.5 Reifegradstufen nach Helge et al. (Quelle: eigene Darstellung in Anlehnung Helge et al. 2019, S. 11)

Stufe 1	Stufe 2	Stufe 3	Stufe 4	Stufe 5
Erkunder	Einsteiger	Fortgeschrittener	Experte	Vorreiter

2.4.3 Digital Maturity Model nach Azhari et al

Der *Digital Maturity Check,* nach Azhari et al. von neuland.digital, wurde in Kooperation mit dem Research Center for Digital Business der Hochschule Reutlingen entwickelt und bietet die Gestaltungsmöglichkeit einer Roadmap für Unternehmen (vorzugsweise KMU). Das Ziel ist es, Optimierungspotenziale in Einzelbereichen aufzudecken, sowie konkrete Handlungsfelder zu identifizieren. Ähnlich dem Maturity Modell nach Kane et al. wird von dem Zielbild eines digital agierenden Unternehmens ausgegangen. Acht Dimensionen mit 32 Kriterien bieten eine Metrik, um die digitale Reife aus der Sichtweise verschiedener Interessengruppen abzubilden, wie in Tab. 2.6 skizziert (Azhari et al. 2013, S. 10 ff.).

Für die Bestimmung der Reifegrade von Unternehmen wird ein Bewertungsverfahren angelegt. Die Spannbreite erstreckt sich über fünf hinterlegte Reifegradstufen, die jeweils mit einem Höchstwert von 100 % bedacht sind. Die Darstellung der Reifegradstufen sind in Tab. 2.7 exemplarisch dargelegt und können in der Originalquelle vollständig eingesehen werden (Ebd., S. 40 f.).

Tab. 2.6 Dimensionen des Digital Maturity Model nach Azhari et al. (Quelle: eigene Darstellung in Anlehnung an Azhari et al. 2013, S. 39)

Dimension	Erläuterung
Strategy	Die Strategie erfordert die Verankerung eines Bewusstseins für die digitale Transformation und muss in allen Teilbereichen in der Gesamtstrategie einbezogen und kommuniziert werden
Leadership	Die digitale Transformation ist kein isolierter Prozess und erfordert Führung, die den Veränderungsprozess nicht weiter delegiert. Der Veränderungsprozess muss von der Führung gestaltet werden und erfordert mehr dezentrale Entscheidungskompetenzen, neue Führungsinstrumente und Zielvereinbarungen
Operations	Silos müssen aufgebrochen werden, damit die Kundenerlebnisse nahtlos ineinanderfließen. Kernprozesse gilt es entsprechend nach vorne zu treiben, um damit die Agilität in der Organisation zu erhöhen. Zusammenarbeit ist funktionsübergreifend zu gestalten, auch erfolgt eine Vernetzung der Geschäftsprozesse mit externen Interessengruppen
Culture	Zur Beschleunigung des Wandels bedarf es einer Innovationskultur, die interne Inkubatoren und Wettbewerbe mit Entwicklern und Kunden fördern, um eine offene Innovationskultur zu fördern, die wiederum einen Kulturwandel in Unternehmen beschleunigt
People	Wesentliche Voraussetzungen sind, die Attraktivität als Arbeitgeber in den Fokus zu nehmen, in dem die digitale Weiterbildung einen Raum erhält und die Anforderungsmodelle klar ersichtlich sind. Weiterhin die Förderung neuer Qualifikationen, neuer Experten der Digitalisierung und den bisherigen Mitarbeitern die Angst vor diesen neuen Veränderungen zu nehmen
Governance	Die Umsetzung einer digitalen Strategie muss sich als messbar erweisen und damit ein Teil der Zielvereinbarungen sein, damit die Steuerbarkeit und Erfolgsmessung gewährleistet ist
Technology	Ein Teil der Roadmap muss die Ablösung veralteter IT-Strukturen beinhalten, was gerade für Großunternehmen mit gewachsenen Strukturen technologische Hürden bedeutet, denn das Auflösen von Silos und die Ablösung alter Strukturen sind auf der Prozessebene Grundvoraussetzung für funktionsübergreifende Zusammenarbeit und Kundenerlebnisse, die nahtlos verlaufen sollen

Tab. 2.7 Reifegrad – Entwicklungsstufen nach Azhari et al. (Quelle: eigene exemplarische Darstellung in Anlehnung an Azhari et al. 2013, S. 40 f.)

Unaware	Conceptual	Defined	Integrated	Transformed
Eine Strategie für den digitalen Wandel ist nicht vorhanden	Erste digitale Projekte sind in dem Unternehmen erkennbar	Eine systematische Strategie wird aufgrund erster Pilotprojekte organisations-übergreifend verfolgt	Integration effektiver digitaler Strategien in Betriebs -und Geschäftsprozesse, mit klarem Management Commitment	Digitalisierung ist in den Kernprozessen, Dienstleistungen und Produkten integriert, mit einhergehenden neuen Betriebs- und Geschäftsmodellen

Die Vergleichbarkeit der Bewertung über alle Dimensionen hinweg wird durch die Einordnung für Unternehmen und die hinterlegten fünf Reifegradstufen ermöglicht. Die Gewichtung innerhalb des Bewertungsmodells ergibt sich durch die Beantwortung der Fragen der jeweiligen Kategorien, die den jeweiligen Dimensionen zugeordnet werden. Die Einschätzung der Gewichtung basiert auf den Erfahrungen eines Expertenteams und wurden von einer Jury (aus Politik, Wirtschaft und Wissenschaft) bestätigt (Ebd., S. 41).

Mit dem Instrument lässt sich der IST-Zustand abbilden und über strategische Entscheidungen nachdenken, Maßnahmenpläne ableiten und den Transformationsprozess monitoren. Für die Ausführung ist entsprechende Expertise notwendig, um die einzelnen Kriterien zu bepunkten und eine ganzheitliche Interpretation abzuleiten. Die hier verwendete Publikation wurde als empirische Studie von neuland.digital in Zusammenarbeit mit der Wirtschaftswoche veröffentlicht und bildet dort das vollständige Reifegradmodell transparent ab. Angeboten wird von neuland.digital ein flankierendes Beratungsangebot sowie Wettbewerbe für innovative Lösungen mit einschließendem Netzwerk (Ebd. 22 ff.).

Fazit

Relevante Merkmale der digitalen Reifegradentwicklung

Digitale Organisationskultur Merkmale einer digitalen Unternehmenskultur	Erhöhte Risikobereitschaft
	Schnelles Experimentieren
	Hohe Investitionen in Talente
	Innovationskultur

Talente	Entscheidender Wille zur digitalen Transformation
Relevante Eigenschaften für die Rekrutierung und Entwicklung von Führungskräften	Vordenker Mentalität
	Transformierende Vision
	Mindset auf Veränderung ausgerichtet
	Führungs- und Kooperationsfähigkeiten
	Organisatorische Fähigkeiten
	Ausgebildete Soft Skills
	Grundlegende technologische Skills
Zentrale Herausforderungen der digitalen Reifegradentwicklung	
Problemstellungen der Organisationsstruktur und Organisationskultur	Hierarchische und konservative Organisationen werden als ineffizient eingestuft, um innewohnende Antriebe für eine digitale Transformation nutzbar zu machen. Demgegenüber können zu flache, flexible Strukturen bei Risiken eine Kultur des Kämpfens hervorrufen
Problemstellungen von Führungskräften in Unternehmen	Mangelnde Ressourcen
	Mangel an Talenten
	Einschränkung durch andere Prioritäten. Diese Probleme von Führungskräften basieren u. a. darauf, dass die digitalen Initiativen neben dem Alltagsgeschäft, entweder in Form von Projekten managen müssen oder die Aktivitäten innerhalb einer bestimmten Abteilung, Funktion oder auf einen bestimmten Kanal beschränkt sind
Konsequenzen durch Hierarchie – Denken	Führt zu Abteilungs- und Silodenken und steht dem Vernetzungsgedanken gegenüber
	Führt dazu, dass Wissen nicht geteilt wird und steht damit den Veränderungs-, Lern- und Entwicklungsprozessen, sowie Problemlösungsszenarien im Weg
	Untergräbt die geforderte Selbstorganisation und damit Selbstlernprozesse
	Behindert Innovationen, die von Mitarbeitern forciert werden und damit im System verebben können
Technologische Strukturen, die zu Datensilos führen	Infrastruktur veralteter IT-Systeme mit angeschlossenen Prozessen

Für die Begleitung von Unternehmen, respektive einer (internen) Organisationsentwicklung (Def. siehe Kap. 5) lässt sich zusammenfassen:

- Die Instrumente zur Messung der digitalen Reife lassen sich in das Feld der
  Organisationsentwicklung (Def. siehe Kap. 5) einordnen.
- Die Analyse des digitalen Reifegrades mit anschließendem Handlungsplan
  stellt eine zentrale Bedingung dar, um eine systematische Reifegradent-
  wicklung zu flankieren und zu monitoren.
- Die Entwicklung einer Digitalen Strategie erfordert die Verankerung in die
  Gesamtstrategie der Unternehmung, um die komplexen Herausforderungen
  der digitalen Transformation systematisch zu meistern.
- Die Übereinstimmung der komplexen Faktoren von Kultur, Menschen,
  Strukturen und Aufgaben, die Unternehmensstrategie sowie die Heraus-
  forderungen einer sich ständig verändernden digitalen Landschaft, zählen
  zusammenfassend zu den maßgeblichen Herausforderungen der digitalen
  Reifegradentwicklung.
- Die Vernetzung mit Experten und Unternehmensnetzwerken für den Austausch von Ideen und Erfahrungen, z. B. über die Anbieter der Reife-
  gradmodelle oder bestehender Digital Hubs und nicht zuletzt über die
  Rekrutierung und Weiterbildung von Experten, ist empfehlenswert.
- Die explizite Betrachtung der Resilienz im Unternehmenskontext wird von
  den Vertretern der digitalen Transformation vernachlässigt. ◄

Grundlagen und wesentliche Elemente der organisationalen Resilienz

3

„And resilience is more than just a way to bounce back" (Sheffi 2015, S. 339 EBR: AD). Dieses Zitat spricht dafür, dass Resilienz mehr bedeutet als den ursprünglichen Zustand nach einem störenden Ereignis oder einer Veränderung in einem Unternehmen oder bei einem Individuum wiederherzustellen. Es geht um mehr, wenn ein Unternehmen den Blick auf die organisationale Resilienz legt. Worum es sich im Wesentlichen bei dem Konzept der organisationalen Resilienz dreht, wird in diesem Kapitel für Sie zusammengefasst dargelegt.

3.1 Von Resilienz zur organisationalen Resilienz

Der Begriff Resilienz wird aktuell in der Wissenschaft und Praxis mit hoher Aufmerksamkeit diskutiert und in unterschiedlichen wissenschaftlichen, konzeptionellen Kontexten eingebunden, untersucht, aber auch mit seiner inhaltlichen Bestimmung kontrovers diskutiert. Die Anfänge der Resilienz Forschung in den 1950er Jahren basieren auf Emmy Werner mit Ihrer vielzitierten Langzeitstudie der Kauai Kinder (Di Bella 2014, S. 6 f.; Werner 2005, S. 11 ff.).

Im Kern bedeutet der Begriff Resilienz „den erfolgreichen Umgang mit einer Störung (einem Schock, widrigen Umständen), insbesondere durch Anpassungsfähigkeiten oder Möglichkeiten zur Verringerung der Verletzlichkeit" (Wink 2016, S. 1). Ebenso wird darunter der Umgang mit einer Krise, also Verhaltensweisen und Ressourcen, die dazu führen mit widrigen Umständen umzugehen, als Resilienz verstanden (Soucek et al. 2016, S. 132). Dieses allgemeine Verständnis wird auf den lateinischen Ursprung „resilire" (Wink 2016, S. 1) zurückgeführt und bedeutet so viel wie abprallen und zurückspringen oder aus dem englischen Verständnis von resilience abgeleitet „Belastbarkeit, Elastizität,

© Springer Fachmedien Wiesbaden GmbH, ein Teil von Springer Nature 2020
B. Cronenberg, *Organisationen digital und resilient transformieren*, essentials,
https://doi.org/10.1007/978-3-658-30241-2_3

Durchhaltevermögen" (Meyen 2015). Je nach Autoren und Wissenschafts-
disziplinen wird der Ursprung der Resilienz Forschung im Feld der Psychologie,
der Entwicklungspsychologie oder der positiven Psychologie zugeordnet und
zunehmend als multi- oder interdisziplinäres Forschungsfeld verstanden, das auch in
den Feldern der Medizin oder in den Sozial- und Neurowissenschaften Beachtung
findet (Di Bella 2014, S. 85 ff.; Meyen 2015; Helmreich et al. 2016, S. 38 ff.).
   Die aktuelle Forschung in dem theoretischen Diskurs konzentriert sich weitgehend auf den Arbeitsplatz und der individuellen Ebene von Resilienz, dennoch
wird sich um die Differenzierung der Bedeutungsinhalte auf den Ebenen des
Individuums, des Teams und der Organisation bemüht (Schulte et al. 2016,
S. 139.) Mit Tab. 3.1 erhalten Sie einen Überblick ausgewählter Definitionen zum
Grundverständnis von Resilienz im Kontext von Organisationen.
   Im Umfeld von Organisationen lässt sich zwischen personaler, systemischer
und organisationaler Resilienz unterscheiden, wobei die Schnittmenge dieser
theoretischen Perspektive die unternehmerische Resilienz ausmacht (Di Bella
2014, S. 82). Die organisationale Resilienz lässt sich als ein präventiver Ansatz
verstehen, der in turbulenten Zeiten Beeinträchtigungen von Erfolgen entgegenwirken soll (Ebd., S. 142). Die Forschung im Bereich der systemischen
Resilienz wurzelt in der sozialen Ökologie und liefert Erkenntnisse über
„Faktoren und Dynamiken nach auftretenden Störungen für die Rückkehr
des Systems in einen stabilen Zustand [...] Systemresilienz wird auf das
Adaptionsvermögen zurückgeführt, das sich durch die Fähigkeit einer Enti-
tät auszeichnet, Schocks zu absorbieren, eine Bewältigung selbständig zu
organisieren, aus dem Geschehenen zu lernen und Innovationen anzustoßen"
(Ebd., S. 131 f.).
   Mit dem Vermögen „Misserfolge, Rückschläge oder andere potentiell bedroh-
liche Situationen erfolgreich zu überwinden" (Schulte et al. 2016, S. 139),
werden Organisationen, Mitarbeiter und Teams durch Resilienz befähigt „aus
Zeiten von Veränderungen und Widrigkeiten gestärkt hervorzugehen" (Ebd.),
wobei die individuelle Resilienz den „inhärenten Bestandteil von Teamresilienz"
(Ritz et al. 2016, S. 153) bildet.
   Teamresilienz kennzeichnet sich insbesondere durch die Widerstandskraft
in einem kollektiven Zusammenwirken, „die über die Summe individueller
Bewältigungsmechanismen hinausgeht. So können auch äußerst komplexe
Bedrohungen bewältigt werden" (Ebd.). Ebenso wird ein Beitrag zur
organisationalen Resilienz auf der Ebene der Organisationskultur geleistet, wenn
im organisationalen Kontext die Kompetenzen extrahiert und auf Teamebene
durch Lernprozesse zur Verfügung gestellt und aufgenommen werden und eine
Fehlertoleranz in dynamischen Prozessen eingeplant wird (Ebd., S. 153 ff.).

Tab. 3.1 Ausgewählte Definitionen zu dem Begriff Resilienz im organisationalen Kontext. (Quelle: eigene Darstellung)

Quelle	Definition
Frey (2016, S. 158)	„Resilienz umfasst die menschliche Widerstandsfähigkeit gegenüber belastenden Lebensumständen."
Heller (2017, S. 50)	„Mit „Resilienz" wird in der Regel eine Eigenschaft bezeichnet, die ein Individuum befähigt, auf eine Bedrohung erfolgreich zu reagieren."
Schmidpeter (2016, S. IX)	„[…] Resilienz ist dabei die Fähigkeit, mit (negativen) Einflüssen (von außen) und somit auch mit krisenhaften Ereignissen umgehen zu können."
Hildebrandt (2017, S. 166)	„Resilienz steht für die intelligente Nutzung begrenzter (eigener psychischer) Ressourcen."
Walker et al. (2004) online o. S.	„Resilience is the capacity of a system to absorb disturbance and reorganize while undergoing change so as to still retain essentially the same function, structure, identity, and feedbacks."
Ritz et al. (2016, S. 153)	„Mit individueller Resilienz ist die Widerstandsfähigkeit einer Person gemeint." Im Kontext von Arbeit wird damit das Entgegenwirken gegenüber „inadäquater arbeitsinduzierter Belastungen" verstanden.
Näswall et al. (2013, S. 3)	„[…] employee resilience is conceptualized herein as the capacity of employees, facilitated and supported by the organization, to utilize resources to positively cope, adapt and thrive in response to changing work circumstances."
West et al. (2009, S. 253)	„Conceptualized at the team level, team resilience serves to provide teams with the capacity to bounce back from failure, setbacks, conflicts, or any other threat to well-being that a team may experience."
Morgan et al. (2013, S. 552)	„Team resilience was defined as a dynamic, psychosocial process which protects a group of individuals from the potential negative effect of the stressors they collectively encounter. It comprises of processes whereby team members use their individual and combined resources to positively adapt when experiencing adversity."
Ritz et al. (2016, S. 153)	„Organisationale Resilienz ist die Widerstandsfähigkeit einer Organisation, die durch Anpassungsfähigkeit einzelner Mitglieder, Anpassungsfähigkeit innerhalb und zwischen Organisationseinheiten (Teams) und die organisationsweite Regulation organisationaler Standards (z. B. Strukturen, Prozesse, Regeln und Routinen), die der Organisation Stabilität geben."
Weick und Sutcliffe (2016, S. 89)	„[…] eine Kombination aus einem frühzeitigen Einschreiten bei Fehlern und der Fähigkeit, das System durch improvisierte Zwischenlösungen am Laufen zu halten und auftretende Veränderungen zu absorbieren, während das System gewahrt bleibt."
McManus (2008, S. 23)	„Organisational resilience is a function of an organizations overall situation awareness, keystone vulnerability and adaptive capacity in a complex, dynamic and interdependent system"

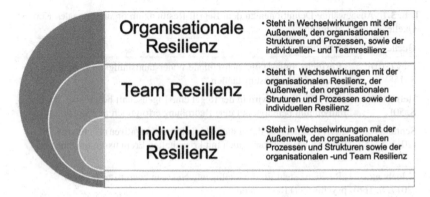

Abb. 3.1 Ebenen der organisationalen Resilienz und deren Wechselwirkungen. (Quelle: eigene Darstellung)

Organisationale Resilienz lässt sich auf drei unterschiedlichen Ebenen (siehe Abb. 3.1) betrachten, die jeweils eigenständige Konstrukte bilden und deren Wechselwirkungen im Hinblick auf die Gestaltung von resilienten Systemen aufschlussreich sind (Schulte et al. 2016, S. 140).

Fazit

- Die Resilienzforschung zeigt sich als multidisziplinäres Forschungsfeld, das auf gesellschaftlicher, organisationaler und individueller Ebene untersucht wird. Im Kontext von Unternehmen werden in erster Linie die Ebenen des Individuums und der Organisation im Hinblick auf vorhandene Ressourcen betrachtet.
- Ein zentrales Merkmal von Resilienz ist die Adaptionsfähigkeit von Störungen mit einhergehender selbstständiger Bewältigung durch Lernen, was wiederum zu innovativen Lösungen führen kann. Grundsätzlich ist das Konzept der Resilienz langfristig, präventiv und nachhaltig ausgerichtet.
- Die organisationale Resilienz lässt sich im Wesentlichen als ein systemisches Konzept begreifen. Die Betrachtungsebenen umfassen Individuum (Mikroebene), Team (Mesoebene) sowie die Prozess- und Strukturebene in Unternehmen, also die Ebene der Organisation (Makroebene) mit ihren Wechselwirkungen, die darüber hinaus in Wechselbeziehungen mit Unternehmensnetzwerken stehen.
- Organisationale Resilienz lässt sich stärken, indem einerseits eine Achtsamkeit gegenüber Verletzbarkeiten, Unsicherheiten und Risikofaktoren

des Systems gegeben ist und andererseits die Ressourcen zur Bewältigung von Störungen ausgerichtet werden.

• Es empfiehlt sich zudem ein gesundes Maß an Flexibilität und Stabilität im Hinblick auf Veränderungen zu entwickeln. Fehlertoleranz, extrahierte Kompetenzen und Lernprozesse in komplexen und dynamischen Systemen zeigen sich als weitere wichtige Faktoren für eine Organisationskultur, die nach Resilienz strebt.

Für den Unternehmenskontext lassen sich folgende Definitionsangebote ableiten:

Im Kontext von Unternehmen lässt sich *Resilienz* auf individueller und organisationaler Ebene als Fähigkeit bezeichnen auftretende Störungen durch Anpassungen zu bewältigen, die das System in eine stabile Ausgangslage zurückversetzt.

Organisationale Resilienz ist die Entwicklung von Fähigkeiten in Organisationssystemen sowie ihrer Subsysteme zur Anpassung widriger Umstände. Organisationen sind damit in der Lage etwaige Störungen zu absorbieren und antizipieren, sowie zeitnah ihre Performanz zukunftsgerichtet wiederherzustellen. ◄

3.2 Konzepte und Elemente der organisationalen Resilienz

Ein wesentliches Konzept das Resilienz in Organisationen als ein Prinzip der organisationalen Achtsamkeit betrachtet und von Prescher im Rahmen seiner Achtsamkeitsforschung bedacht wird, stammt von Weick und Sutcliffe (Prescher 2017, S. 289 f. EBR: AB; Weick und Sutcliffe 2016, S. 10, 87 ff., 139 ff.). Angesehen wird der Umgang mit unerwarteten Ereignissen, die Organisationsprozesse in Organisationen, die eine hohe Zuverlässigkeit erfordern (High Reliability Organisationen, z. B. in der Luft- und Schifffahrt) (Weick und Sutcliffe 2016, S. 10, 87 ff., 139 ff.). Es wird davon ausgegangen, dass Resilienz und Antizipation (kognitive Vorwegnahme möglicher Ereignisse und Konsequenzen) eine erforderliche Kombination darstellt, die achtsames Organisieren von unerwarteten Systemunterbrechungen ermöglicht (Ebd., S. 100, IX). Die Gesamtbetrachtung bezieht sich dabei auf fünf Prinzipien zum Umgang mit Komplexität, nämlich mit dem *Aufbauen von Expertise in den Bereichen von Abläufen, Fehlern, Resilienz und Vereinfachung,* wobei von einem „Streben nach Resilienz" (Ebd., S. 89) gesprochen wird (Ebd., S. IX).

Weick und Sutcliffe (Ebd., S. 88) bezeichnen nachstehende Merkmale, die für ein resilientes System stehen, nämlich die *Anpassung an Störungen, die Bewahrung bestimmter Funktionen und Strukturen, das Fortführen des Betriebs in einem eingeschränkten Modus, die Verbesserung der Systemkapazität und Systeme als Ziel der Resilienz.*

Nach Weick und Sutcliffe befindet sich das Herzstück im Streben nach Resilienz auf der Prinzipien-Achse *Wiederherstellung und Elastizität.* Elastizität meint hier das Prinzip des Änderungswiderstandes nach Lewin, wozu das Beispiel angeführt wird, dass die Produktion an einem Fließband weitergelaufen ist, obwohl Mitarbeiter ihre Arbeit aufgrund eines Streiks niedergelegt haben, was eine resiliente Episode in einem System aufzeigt. Das System zeigt sich hier elastisch, weil die Produktion trotz des Arbeitsstillstandes der Arbeiter durch die Technologie weitergeführt wird und das System sich damit gegenüber dem Arbeitsstreik als widerstandsfähig erweist. Wiederherstellung meint den Prozess der Improvisation, der eine unerwartet, eintretende Situation mit gegebenen Mitteln adäquat umgestaltet. *Improvisation* ist in diesem Sinne der resiliente Moment oder anders ausgedrückt ein Resilienz förderndes Prinzip, weil es durch die Mischung aus Erfahrung, fortlaufendem Handeln und intuitiver Neukombination, auf der Basis einer bereits vorhandenen minimalen Struktur erlaubt störende Ereignisse in den Gesamtprozess (oder einer Gesamtsituation) durch Umgestaltung zu integrieren (Ebd., S. 90 ff.).

In dem Konstrukt von Weick und Sutcliffe stellt die *mentale Grundhaltung (Mindset)* für das Streben nach Resilienz eine Kernbedingung mit nachstehenden Aspekten dar. Wichtig ist es, negative Ereignisse sensibel und schnell wahrzunehmen. Zentral ist weiterhin das ‚wie‘ ein umfangreiches Set an Ressourcen für eine Lösung generiert wird, um Fehler zu überwinden. Die Voraussetzung dafür bildet die Bereitschaft zum Lernen in Echtzeit. Der Rückgriff auf vielfältige Erfahrungen bildet dabei die Basis, um angemessen auf Störungen zu reagieren. Das abgeleitete Handeln entspricht hierbei nicht unbedingt vorher festgelegter Prinzipien oder aufeinander abgestimmten Schrittfolgen, sondern bezieht sich auf Handlungsoptionen aus dem Bereich der Möglichkeiten, die letztendlich nicht alle vorweggenommen werden können, sondern folgen dabei der Improvisation. Offenheit für Feedback und Implementierung von Feedbackprozessen gehören ebenso zu Resilienz fördernden Maßnahmen, um damit die Wirkungseffekte von Handlungsversuchen, die improvisiert stattfinden, zu modifizieren. Ebenso erscheint eine ambivalente Haltung gegenüber früheren Erfahrungen angemessen, weil ebenso routinierte als auch neue Störungen auftauchen können, doch die Rückschlüsse aus alten Erfahrungen nicht immer der neuen, individuellen

Situation entsprechen sodass eine wache und offene Haltung gegenüber kommenden Situationen als empfehlenswert angesehen wird (Ebd., S. 98 ff.). Das Mindset folgt demnach dem Prozess eines handlungsgeleiteten Lernens durch sammeln von Erfahrungen mit einbezogener Fehlertoleranz und integriertem Feedbackprozess, um Kompetenzen aufzubauen, die störende Ereignisse reaktionsschnell dezimieren können (Ebd., S. 100).

Anschlussfähig an das Konzept von Weick und Suttcliffe erweisen sich die Untersuchungen im Rahmen des *BAuA-Forschungsprojekts Psychische Gesundheit in der Arbeitswelt – Wissenschaftliche Standortbestimmung* von Hartwig et al., die fünf Phasen von Resilienz fördernden Maßnahmen identifizieren, nämlich *Antizipation* (beschreibt dabei als zeitlich erste Maßnahme das Vorhersehen einer möglichen Störung), *Recovery* (stellt das Wiederherstellen der Funktionalität nach deren Beeinträchtigung dar) und *Learn* (das Anpassen von Organisationen nach Abklingen der Störungswirkung). Im Unterschied zu Weick und Sutcliffe, erweitern die Autoren ihr Model um die Elemente *Buffering* (bezieht sich auf das Puffern von Störungswirkungen noch vor der vollständigen Entfaltung) sowie *Coping und Adaption* (umfasst die Bewältigung einer akut entfalteten Störungswirkung) (Ebd., S. 5 ff.).

Sheffi wiederum betrachtet Resilienz im organisationalen Kontext als Gesamtprozess im Hinblick auf das „Supply-Chain Management"[1] mit dem Interesse Resilienz zu steigern und Vulnerabilität zu senken und meint damit „die Fähigkeit des Unternehmens, nach Low-Probability-/High-Impact-Ereignissen wieder das normale Performance-Niveau zu erreichen." (Sheffi 2006, S. 11). Diese Betrachtungsweise berücksichtig einerseits die Verletzbarkeit von betrieblichen Prozessen und andererseits die möglichen Risikofaktoren. Sheffi zeigt exemplarisch anhand einer konzentrischen Übersicht von General Motors vier Kategorien auf, nämlich strategische-, finanzielle-, betriebsbedingte- und katastrophenbedingte Vulnerabilitäten, die wiederum in betriebsinterne und externe Dimensionen gefasst werden. Hierzu zählen, z. B. Zinsschwankungen und nicht wettbewerbsfähige Kostenstrukturen (finanziell), Unternehmenskultur oder Fusionen und Branchenkonsolidierungen (strategisch), Computerviren/ Dienstverweigerungsattacken und Zulieferer-Betriebsstörungen (betriebsbedingt) sowie starker Regen/Gewittersturm und der Ausfall wichtiger Produktionsanlagen

---

[1]Supply-Chain Management bezeichnet vereinfacht das Management des logistischen Zulieferers,- bzw. des Versorgungsnetzwerkes von Branchen und Unternehmen (Sheffi 2006, S. 93 ff.).

(katastrophenbedingt) (Ebd., S. 36 ff.). Für Unternehmen erscheint eine derartige Übersicht zu visualisieren hilfreich, um das Bewusstsein innerhalb der Unternehmung für verletzliche Strukturen und Prozesse zu schärfen und entsprechende Maßnahmen zur Resilienzsteigerung präventiv zu hinterlegen. Heller plädiert in diesem Kontext dafür in Risiko- und Resilienzprävention zu investieren und meint damit einerseits Vulnerabilitäten und Risikofaktoren zu identifizieren, zu bewerten sowie Maßnahmen abzuleiten und andererseits die Unternehmenskultur im Hinblick auf u. a. Kommunikation, Teamarbeit und Fehlerkultur zu betrachten und Resilienz fördernd zu entwickeln (Heller 2017, S. 51).

Das BMBF weist im organisationalen Kontext gesondert auf die Resilienzebene von ITK – Systemen hin, die sich bei Sheffi im Bereich der betriebsbedingten Vulnerabilitäten wiederfinden. Für den Einsatz zuverlässiger, flexibler und komplexer IT Systeme wird die Einbettung von Werkzeugketten und Methoden in übergeordnete Prozesse empfohlen, d. h. von der Entwicklung der Software bis hin zum Systems Engineering wird eine adäquate Grundlage für die Organisationstauglichkeit gelegt, womit dem Resilienzgedanken gefolgt wird (BMBF 2017).

> „Resilienz – also Fehlertoleranz und Stabilität – sowie der adäquate Umgang mit Störungen und Unsicherheiten sind daher bereits im Systemdesign der Einzelkomponenten als Konstruktionsprinzipien („Resilience & Reliability by Design") zu berücksichtigen" (Ebd.).

Die dargestellten Konzepte betrachten vorzugsweise die Elemente und Prozesse zur Förderung der organisationalen Resilienz, deren Voraussetzung eine Störung von Organisationsprozessen beinhalten muss. Die Ebenen Individuum und Team werden dabei nicht tief gehender beachtet. Hierzu werden nun weitere Ansätze hinzugezogen.

Für die Ebene des Individuums bietet Heller in ihrer Arbeit einen Überblick über Schutzfaktoren zur Bewältigung von Belastungen, die von verschiedenen Autoren ebenso analysiert wurden. Heller definiert letztendlich *sieben Resilienzschlüssel*, nämlich *Akzeptanz, Optimismus, Selbstwirksamkeit, Verantwortung, Netzwerkorientierung, Lösungsorientierung und Zukunftsorientierung* (Heller 2015, S. 13 ff. EBR: AB).[2]

---

[2]Auf individueller Ebene ist die Resilienz Forschung, wie einleitend erwähnt bereits weiter fortgeschritten, sodass Sie als Leser diesen Bereich durch die angegebenen Quellen thematisch vertiefen können.

Personale Ressourcen einerseits und erfolgreiche Verhaltensstrategien zur Bewältigung von Krisen andererseits zeichnen Resilienz nach Soucek et al. folgendermaßen auf der individuellen Ebene aus.

„Der erfolgreiche Umgang mit den eigenen emotionalen Reaktionen angesichts von kritischen Ereignissen (emotionale Bewältigung), das Verständnis dieser Situation als eine Gelegenheit, seine eigenen Fähigkeiten einbringen und weiterentwickeln zu können (positive Umdeutung) sowie die planvolle und zielgerichtete Ausrichtung des eigenen Verhaltens zur Bewältigung dieser Situation (umfassende Planung und fokussierte Umsetzung)" (Soucek et al., S. 133).

Die o. g. individuellen Resilienzfaktoren beeinflussen ebenso die Teamebene. Die Ergebnisse und Weiterentwicklungen im Bereich der *Teamresilienz* beruhen weitestgehend auf Forschungen aus dem anglo-amerikanischen Raum und schließen an die Erkenntnisse der Teamforschung an (Danner-Schröder und Geiger 2016, S. 202; Schulte et al. 2016, S. 140 ff.; Semling und Ellwart 2016, S. 121 ff.; Soucek et al. 2016, S. 133 ff.).

Danner-Schröder und Geiger messen den Faktoren *Kultur, Koordination, Kooperation, Kohäsion* sowie *Konfliktbewältigung* für die Resilienz auf der Teamebene eine hohe Bedeutung bei und berufen sich auf eine Studie von Eliteteams im Sport, die vier entscheidende Voraussetzungen für die Teamresilienz angeben, nämlich den *Zielerreichungsansatz,* die *Gruppenstruktur,* die *kollektive Effizienz* sowie das *soziale Kapital* (Danner-Schröder und Geiger 2016, S. 202).

Zentral ist bei der Studie die Beobachtung, wie Teams Niederlagen verarbeiten, um anschließend ihre Wettbewerbsfähigkeit wiederherzustellen, wobei es als wichtig angesehen wird, die Führung im Team zu verteilen sowie Werte und Vision unter hohem Druck bewusst zu halten (Ebd., S. 202).

Die Untersuchungen von Hartwig et al. weisen auf der Teamebene darauf hin, dass die *Verbesserung von Arbeitsabläufen,* die *Entwicklung von Teamstärke,* das *Verhältnis zur Flexibilität und Regelkonformität* sowie *Formen der Entscheidungsfindung,* der *Kommunikation* und dem *Informationsfluss* und nicht zuletzt das *Management Kommittent auf Top Ebene* als präventive Bedingungen zur Resilienzstärkung in Systemen gelten (Hartwig et al. 2016, S. 23 ff.).

Soucek et al. sprechen in Bezug auf Faktoren von Teamresilienz von einer adaptiven Teamleistung und fassen darunter „*Situationsbewertung, Planformulierung, Planausführung* und *Lernen des Teams* zusammen" (Soucek et al. 2016, S. 134). Unterschieden wird die Betrachtung der individuellen Resilienz zwischen Prozessen und Ressourcen. Vor dem Hintergrundverständnis wird Resilienz als Krisenbewältigung angesehen. Weiterhin ist die Rede von interpersonalen Prozessen „die zu einer flexiblen Anpassung des Teams an geänderte

Anforderungen beitragen" (Ebd., S. 134). Teamressourcen sind in diesem Kontext
„jene Eigenschaften, die ein Team unabhängig von einer Krise auszeichnen"
(Ebd., S. 134).

Resilienz lässt sich demnach auf unterschiedlichen Ebenen (Individuum,
Team sowie organisationale Prozesse) im Arbeitskontext von Organisationen
betrachten (Ebd. S. 132 ff.). Laut Hartwig et al. kann aber trotz Gemeinsam-
keiten und Berührungspunkten im Hinblick auf die psychische Gesundheit am
Arbeitsplatz nicht von einem integrierten Gesamtkonzept der organisationalen
Resilienz gesprochen werden, denn per Definition liegt organisationale Resilienz
auf der Ebene der Organisation „und ist daher kein Bedingungsfaktor für einzelne
Arbeitsplätze" (Hartwig et al. 2016, S. 33). Soucek et al. beschreiten aus der
organisationspsychologischen Perspektive im Hinblick auf ein betriebliches
Resilienz-Management einen anderen Weg und gehen über die organisations-
theoretische Auffassung hinaus, dazu über organisationale Widerstandskraft als
Ganzes zu betrachten (Soucek et al. 2016, S. 134). Mit dem Fokus auf psychische
Gesundheit und Leistungsfähigkeit wird die Organisation als ein Umfeld
bezeichnet, „in dem Individuen und Teams miteinander interagieren" (Ebd.,
S. 134), wodurch die Gestaltung der Arbeitsbedingungen in den Fokus rückt,
in dem ein resilientes Agieren von Teams und Individuen ermöglicht wird. Die
Ebenen lassen sich dadurch einerseits als eigenständige Konstrukte darstellen und
andererseits fungiert die Organisationsebene als integrierender Rahmen für die
individuelle und Team Resilienz im Arbeitskontext, wodurch die differenzierten
Betrachtungsweisen mit unterschiedlichen Erklärungsansätzen vernetzt werden
können (Ebd. S. 134).

Schulte et al. verfolgen eine ähnliche Sichtweise, sprechen jedoch von einer
„Mehrebenenstruktur in Organisationen" (Schulte et al. 2016, S. 140) und sehen
im Unterschied zu Soucek et al. drei gleichberechtigte Betrachtungsebenen der
Resilienz im Hinblick auf die Messbarkeit. Die Ebenen umfassen Organisation,
Team und Individuum (siehe Abb. 3.1), die einerseits eigenständige Konstrukte
bilden und andererseits in Wechselwirkung miteinander stehen (Ebd., S. 202).
Schulte et al. weisen darauf hin, dass die Konstrukte der Resilienzebenen deshalb
kontrovers diskutiert werden, weil es bis dato keine Instrumente gegeben hat,
um eine ökonomische Mehrebenenanalyse abzubilden. Um den Zusammenhang
der Resilienz auf den drei Ebenen zu messen, legen die Autoren eine Studie für
einen entwickelten Fragebogen (FITOR) vor, der einerseits die unterschiedlichen
Facetten darzustellen vermag und andererseits eine Gesamtbetrachtung erlaubt
(Ebd., S. 142 ff.). Diese Denkweise ermöglicht es, die organisationale Resilienz
als gesamtes Konstrukt mit drei Betrachtungsebenen zu verstehen.

Fazit	
Gesamtes System und Ebene der Organisation Betrachtung Organisationsver-halten/Ressourcen/ Prozesse/Techno-logien	Anpassung an Störungen
	Bewahrung bestimmter Funktionen und Strukturen
	Fortführen des Betriebs in einem eingeschränkten Modus
	Verbesserung der Systemkapazität
	Systeme als Ziel der Resilienz
	Antizipation
	Achtsamkeit
	Buffering
	Coping/Adaption
	Wiederherstellung (Recovery) und Elastizität
	Lernprozesse
	Mindset: Ausrichtung auf Resilienz Förderung
	Betrachtung von Vulnerabilitäten und Risiken auf organisationaler und Netzwerkebene, inklusive ITK-Technologien und dem System Engineering, sowie zukünftiger Entwicklungen
Teamebene Betrachtung Ressourcen/Prozesse	Zielerreichungsansatz
	Gruppenstruktur
	Kollektive Effizienz
	Soziales Kapital
	Verbesserung von Arbeitsabläufen
	Entwicklung von Teamstärke
	Verhältnis zur Flexibilität und Regelkonformität
	Formen der Entscheidungsfindung
	Kommunikation und Informationsfluss
	Situationsbewertung, Planformulierung, Planausführung und Teamlernen
Individuelle Ebene: Betrachtung Resilienzschlüssel/ Ressourcen-Ver-halten/Prozesse, die wiederum auf die Team Resilienz ein-wirken	Akzeptanz, Optimismus, Selbstwirksamkeit, Verantwortung, Netzwerkorientierung, Lösungsorientierung, Zukunftsorientierung
	Emotionale Bewältigung von kritischen Ereignissen
	Positives Umdeuten
	Umfassende Planung
	Fokussierte Umsetzung

- Die Konzepte und Elemente der organisationalen Resilienz stellen unterschiedliche Blickwinkel in den Fokus. Darstellen lassen sich einerseits Elemente und unabhängige Konstrukte und andererseits die Wechselwirkungen auf der individuellen-, Team- und Organisationsebene (Mikro-, Meso-, und Makroebene), die mithilfe einer Mehrebenenbetrachtung und Analyse eine Gesamtkonzeption erlauben.
- Ansehen lassen sich zudem Struktur, Unternehmenskultur, psychische Gesundheit, Leistung und der Arbeitskontext, um ein ganzheitliches Potenzial der Resilienz innerhalb der Organisation zu ermitteln und durch Maßnahmen zu fördern.
- Das Kommittent der Führungsinstanzen ist grundlegend erforderlich, um Maßnahmen der Resilienzförderung in Unternehmen zu etablieren. ◄

3.3 Ziele und Herausforderungen der organisationalen Resilienz

Die wissenschaftliche Literatur bemüht sich aktuell noch in den Diskussionen, um die Einordnung und Definition, sowie um die Herausarbeitung von Faktoren und Elementen der organisationalen Resilienz, sodass insbesondere in der deutschsprachigen Literatur Informationen zu Herausforderungen und Zielen rar gesät erscheinen (Di Bella 2014, S. 191).

Ein übergeordnetes Ziel der organisationalen Resilienz ergibt sich aus der allgemeinen Definition, nämlich die Fähigkeit die Organisationsperformanz nach Ereignissen wie Störungen, Krisen oder Veränderungen in einem Organisationssystem wiederherzustellen. Weick und Sutcliffe plädieren im Hinblick auf den Umgang mit dem Unerwarteten für das Zielbild einer achtsamen Organisation (Weick und Sutcliffe 2016, S. 19 ff.). Die Ausbildung von Resilienz stellt ein Teilziel in diesem Gedankenkonstrukt dar und lässt sich folglich in weitere Zielbilder von Organisationen einbetten. Weick und Sutcliffe weisen in diesem Kontext explizit auf die Herausforderung hin, wie durch ein ausuferndes Lean Management die Resilienz von Organisationen beeinflusst wird, in dem sie betonen:

„Eine Lean Production Organisation ist darauf ausgerichtet, Verschwendung zu minimieren, in dem alle ihre Ressourcen darauf fokussiert werden, zu den geringsten Kosten den bestmöglichen Wert für den Kunden zu generieren. Doch wenn Manager scheinbar redundante Positionen streichen, kann eine schlanke Organisation an Resilienz verlieren, denn damit streichen sie auch Erfahrungen und Fachwissen. Und dadurch schrumpft wiederum das der Organisation zur Verfügung stehende Reaktionsrepertoire." (Weick und Sutcliffe 2016, S. 101)

Hartwig et al. zeigen hierzu auf, was die Herausforderung darin liegt, notwendige Ressourcen zur Resilienzsteigerung bereit zu stellen, dass mit einem „Abwägen zwischen der Resilienz gegenüber Störungen und der Effizienz unter konstanten Bedingungen" (Hartwig et al. 2016, S. 33) einhergeht. Dabei ergeben sich auf der Ebene der Organisation unterschiedliche Zielsetzungen. Einerseits gilt es die Arbeitsorganisationen unter unsicheren Umständen durch ein resilience engineering zu stabilisieren, anderseits die Wirtschaftlichkeit ganzheitlicher Produktionssysteme zu gewährleisten (Ebd., S. 4). Das Ziel eines resilience engineering „ist die Sicherheit von Unternehmen gegen Kontrollverlust in unerwarteten Situationen durch flexibles Handeln über das Regelverhalten hinaus" (Ebd., S. 17). Wichtige *Indikatoren eines resilience engineering* nach Hartwig et al. sind: die *Vorgaben der Führungsspitze einschließlich unterstützender Interaktionsmechanismen, verfügbare und verfügbar machbare Ressourcen,* eine *Handlungsflexibilität innerhalb festgelegter Grenzen/ Toleranzen, Situationsbewusstsein, Transparenz* und ein *kontinuierlicher Verbesserungsprozess* (Ebd.).

Eine weitere Herausforderung ergibt, wie dargelegt, nämlich dass die organisationale Resilienz ein noch weitgehend junges Forschungsfeld darstellt und bisher ein Konsens dazu fehlt, wie einerseits die organisationale Resilienz betrachtet und gemessen werden kann und andererseits welche Voraussetzungen und Faktoren zur Förderung der organisationalen Resilienz angesehen werden können.

Dennoch finden sich in der wissenschaftlichen Literatur konzeptionelle Ansätze zur Stärkung und Messung (wie z. B. bei Schulte et al. 2016) der organisationalen Resilienz, die für Unternehmen einen Mehrwert darstellen, insbesondere unter den aktuellen Rahmenbedingungen, bei denen es gilt sich an tiefgreifende Veränderungen anzupassen.

Fazit	
Rahmenbedingungen auf der Ebene Unternehmensführung	Vorgaben der Führungsspitze einschließlich unterstützender Interaktionsmechanismen
	Verfügbare und verfügbar machbare Ressourcen
	Handlungsflexibilität innerhalb festgelegter Grenzen/Toleranzen
	Situationsbewusstsein, Transparenz
	Kontinuierlicher Verbesserungsprozess
Zentrale Herausforderungen	Fokussierung auf ein ausuferndes Lean Management mit einhergehender Bereitstellung von Ressourcen, die für eine Förderung der Resilienz von Bedeutung ist

- Das Ziel der organisationalen Resilienz liegt darin, die Performanz der Organisationsleistungen wiederherzustellen aber auch bei widrigen Umständen, Störungen oder in Veränderungsprozessen zu erhalten.
- Darein fällt die Zielstellung notwendige Maßnahmen zur Resilienzförderung für Organisationssysteme bereitzustellen und in die Unternehmen präventiv in Form eines resilience engineering zu implementieren.
- Die Voraussetzung dazu bildet ein sicheres und flexibles Handeln, das von der obersten Managementspitze ausgeht und die o. g. Rahmenbedingungen mit Blick auf die Herausforderungen erfüllt. ◄

3.4   Resilienz in Organisationen fördern

Für eine nachhaltige und präventive Förderung der Widerstandskraft und Anpassungsfähigkeit von Unternehmen ist die Einführung eines resilience engineering maßgeblich. Es gilt gleichermaßen, wie bei der Umsetzung der digitalen Transformation, geeignete Instrumente auf strategischer und operativer Ebene für die gesamte Organisation nutzbringend bereitzustellen. Vorgestellt werden nun Instrumente, die auf Erkenntnissen aus Wissenschaft und Praxis basieren.

3.4.1   Resilience Engineering nach Hollnagel

Der Ursprung des *resilience engineering* wird den Folgen des Wandels in der Arbeitswelt zugeschrieben, der auf die Vernetzung von Organisationen zurückzuführen ist. „Die Vernetzungen führen zu dynamischen Umgebungseinflüssen mit Auswirkungen auf die Handlungsabläufe von Unternehmen in Zusammenarbeit mit weiteren Organisationen" (Hartwig et al. 2016, S. 6). Resilience engineering wird im deutschsprachigen Raum unter dem Begriff betriebliches *Resilienz-Management* geführt und bedeutet „die Förderung der individuellen Resilienz der Beschäftigten wie auch die Stärkung der Resilienz von Teams und Organisationen" (Soucek et al. 2016, S. 132 ff.). Das Konzept des resilience engineering lässt sich auf Hollnagel zurückführen, der den Blick auf die Prozessebene und die Krisenbewältigung legt, sowie die Chancen und die Veränderungen von Systemen in den Fokus nimmt (Hollnagel 2015, S. 1 ff.; Soucek et al. 2016, S. 134).

Das *Schlüsselelement* ist *die Fähigkeit zur Anpassung eines Systems,* wobei ein System an sich nicht resilient sein kann, sondern ein Potenzial für Resilienz in sich trägt und damit Leistungen erbringen kann, um sich gegen Ausfälle durch Störungen zu schützen (Hollnagel 2015, S. 1 ff.; Soucek et al. 2016, S. 134). Hollnagel geht damit eine ähnliche Denkrichtung wie Weick und Sutcliffe, die von einem Streben nach Resilienz sprechen und schließt ebenso an die Sichtweise von Sheffi an, der auf der Prozessebene über ein Risikomanagement hinaus denkt und für die Investition in resilienzfördernde Maßnahmen plädiert (Hollnagel 2015, S. 1 ff.; Sheffi 2015, S. 32 ff. EBR: AD; Weick und Suttcliffe 2010, S. 89).

Hollnagel begründet das Konzept des resilience engineering durch den *Sicherheitsbegriff* der International Civil Aviation Organisation, die zugrunde legt, dass Sicherheit durch einen kontinuierlichen Prozess der Gefahrenerkennung das Risiko von Sach- und Personenschäden durch ein Risikomanagement auf ein akzeptables Maß mindert und aufrechterhält (Hollnagel 2015, S. 1; ICAO 2013, S. 1–2). Hollnagel differenziert den Sicherheitsbegriff für seine Konzeption und unterscheidet zwei Betrachtungsebenen. Die Definition der ersten Ebene *(Safety-I)* meint den Schutz und die Prävention vor schädlichen Ereignissen *(Schutzsicherheit)*. Die Definition der zweiten Ebene *(Safty-II)* wird weiter gefasst und meint, die Fähigkeit des Systems so zu funktionieren, dass akzeptable Ergebnisse erzielt werden *(produktive Sicherheit)* (Hollnagel 2015, S. 1).

In diesem Konzept wird von der Frage ausgegangen, was ein System für das Wachstum und den Fortbestand benötigt. Einerseits geht es um die *Kerngeschäftsprozesse*, wie *Qualität, Effektivität* und *Produktivität* und andererseits um die *Sicherheit* (Ebd.). Hier greift das Schlüsselelement der Anpassung, das wiederum auf vier zentrale Fähigkeiten zurückzuführen ist (siehe Tab. 3.2), die es im Rahmen eines resilience engineering für Organisationen auszubilden gilt

Tab. 3.2 Rahmenbedingungen zur Ausbildung eines resilience engineering. (Quelle: eigene Darstellung in Anlehnung an (Hollnagel 2015, S. 1 ff.; Soucek et al. 2016, S. 134)

Elemente der Anpassungsfähigkeit	Die Fähigkeit zu lernen (faktisch)	Die Fähigkeit zu reagieren (aktuell)	Die Fähigkeit zu überwachen (kritisch)	Die Fähigkeit vorauszusehen (potentiell)
Wissen	Wissen was passiert ist	Wissen was hilft, was zu tun ist	Wissen worauf zu achten ist	Wissen was auf einen zukommt
Fähigkeit	Umfasst die Fähigkeit aus Ereignissen vorausschauend zu lernen	Bedeutet auf unvorhergesehene Ereignisse adäquat reagieren zu können	Bezeichnet die Fähigkeit Veränderungen außerhalb und innerhalb der Organisation zu überwachen	Meint zukünftige Entwicklungen antizipieren zu können

(Hollnagel 2009, S. 101 ff. EBR: AD; Hollnagel 2015, S. 1; Soucek et al. 2016, S. 134).

Gleichermaßen zeigt Hollnagel mit dem *RAG – Resilience Analysis Grid* ein Analysetool auf, welches die Implementierung eines systematischen und messbaren resilience engineering ermöglicht (Hollnagel 2015, S. 1 ff.). In Tab. 3.3 sehen Sie eine exemplarische Darstellung der Dimensionen mit ihren Zielen, Herausforderungen und zentralen Fragestellungen, die es zu bedenken gilt, wenn ein resilience engineering angedacht wird. Ebenso lässt sich das Tool begleitend als Monitoring Tool einsetzten (Ebd., S. 5 ff.).

Je nach Organisationsausrichtung, so Hollnagel, kann das Verhältnis im resilience engineering unterschiedliche Ausprägungen der vier Fähigkeiten hervorbringen, weil das Gleichgewicht domänenabhängig zu gestalten ist und damit kein Standardwert im Vorfeld zu empfehlen ist. Verdeutlicht wird mit dem resilience engineering, dass sich die Fähigkeiten in jeder Organisation als Rahmenbedingungen wiederfinden, wobei die Art und Weise, wie sich z. B. die

Tab. 3.3 Beispiel resilience engineering nach Hollnagel. (Quelle: eigene Darstellung in Anlehnung an Hollnagel 2009, S. 101 ff. EBR: AD)

Element	Erläuterung	Ziel	Herausforderung	Fragen
Die Fähigkeit zu lernen/ faktisch Wissen, was passiert ist	Bedeutet zu wissen, was passiert ist, d. h. wie man aus der Erfahrung lernt, insbesondere die richtigen Lehren aus der richtigen Erfahrung zu ziehen. Das ist die Fähigkeit, das Faktische/ Sachliche anzusprechen	Bei der Betrachtung der Fakten, beim Versuch, aus der Vergangenheit zu lernen, ist es wichtig, sowohl aus Erfolgen als auch aus Misserfolgen zu lernen. Lernen sollte einem regelmäßigen Schema folgen und nicht Teil der Reaktion sein, wenn etwas schiefgeht. Kontinuierliches Lernen. Das Lernen sollte sowohl qualitativ als auch quantitativ sein und damit das individuelle und das institutionalisierte Wissen verbessern	Lernen aus Fehlern und Misserfolgen kann die produktive Arbeit behindern	Was (Misserfolg, Erfolg)? Wann (kontinuierlich oder ereignisgesteuert)? Wie (qualitativ)? nach Person oder Organisation?

Lernfähigkeit zeigt, mitunter stereotyp ausfällt. Auffällig ist zudem, dass wenige Organisationen darum bemüht sind, gerade nach langfristigen stabilen Phasen, das Monitoring durchzuführen oder die Fähigkeit der Antizipation im Auge zu behalten (Ebd., S. 15 ff.).

3.4.2   ISO 22316 Security and Resilience

Mit der ISO 22316 Security and resilience – Organizational resilience – Principles and attributes (Sicherheit und Resilienz – Resilienz von Organisationen – Grundsätze und Attribute) wird eine branchenunabhängige Matrix in englischer Sprache zur organisationalen Resilienz zugrunde gelegt, die für alle Organisationsgrößen empfohlen wird (ISO 2017, S. V). Die ISO versteht unter der organisationalen Resilienz, die Fähigkeit einer Organisation sich einer wandelnden Umgebung anzupassen und zu integrieren, dabei ist die Organisation in der Lage zukünftige Bedrohungen und Chancen wahrzunehmen und in der Lage plötzliche oder allmähliche Veränderungen, die sowohl aus internen als auch von externen Kontexten stammen können, zu antizipieren (Ebd.).

Die ISO umfasst zwei grundlegende Prinzipien und 13 Attribute zur Förderung der *organisationalen Resilienz (OR),* die in der ISO ausführlich beschrieben sind und nun in (Tab. 3.4) skizziert dargestellt werden.

Es wird darauf hingewiesen, dass es nicht den einen richtigen Ansatz gibt, um die Widerstandsfähigkeit von Organisationen zu verbessern, sondern dass organisationale Resilienz als strategisches Unternehmensziel zu verankern ist, dass wiederum von einer guten Geschäftspraxis und einem effektiven Risikomanagement zeugt (Ebd.). Zu bedenken wird gegeben, dass es nicht das einzigartige Maß oder ein endgültiges Ziel der organisationalen Resilienz gibt, sondern dass eine Organisation nur mehr oder weniger resilient sein kann (Ebd.).

3.4.3   Projekt STÄRKE – Resilienzkompass

Das BMBF (Bundesministerium für Bildung und Forschung) unterstreicht mit dem über drei Jahre geförderten Kooperationsprojekt *„STÄRKE – starke Beschäftigte und starke Betriebe durch Resilienz* [...] *im Rahmen der Bekanntmachung >>Präventive Maßnahmen für die sichere und gesunde Arbeit von morgen<<"* (ifaa et al. 2019, S. 4) den zentralen Handlungsbedarf zur Resilienzförderung durch Anpassungsfähigkeit in Unternehmen (Ebd.). Mit der Herausgabe des *„>>Resilienzkompass<<"* (Ebd.) im April 2019, resultiert aus dem

Tab. 3.4 Exemplarische Darstellung Prinzipien und Attribute der organisationalen Resilienz. (Quelle: eigene Darstellung in Anlehnung an ISO 2017, S. 2 ff.)

Prinzipien	Allgemein	Die Prinzipien bilden die Grundlage, auf der ein Rahmen und eine Strategie zur Verbesserung der OR entwickelt, umgesetzt und bewertet wird
	Koordinierte Vorgehensweise	Kommittent des Top Managements und Vergabe eines Mandats zur Umsetzung der OR in der Organisation
Attribute	Vision und Zielklarheit	Eindeutig formulierte Vision, Werte und Zweck der Organisation
	Führung	Ermutigende und effektive Führung auch in Zeiten von Unsicherheiten und Störungen
	Organisationskultur	Gemeinsame Überzeugungen und Werte, positive Einstellungen und Verhaltensweisen, die eine Kultur der OR fördern
	Informationen und Wissen	Wissen teilen und effektiv anwenden. Lernen aus Erfahrung und voneinander Lernen fördern
	Verfügbarkeit von Ressourcen	Auf Seiten der Organisation Ressourcen wie Menschen, Räumlichkeiten, Technologien, Finanzen und Informationen entwickeln und bereitstellen
	Entwicklung und Koordination von Managementdisziplinen	Konzeption, Entwicklung und Koordination von Managementdisziplinen mit Ausrichtung auf die strategischen Ziele der Organisation
	Unterstützung der kontinuierlichen Verbesserung	Monitoring anhand vorgegebener Kriterien für die Umsetzung von kontinuierlichen Verbesserungsprozessen
	Fähigkeit, Veränderungen zu antizipieren und zu bewältigen	Veränderungen antizipieren, planen und umsetzen
	Bewertung der Faktoren, die zur Resilienz beitragen	Evaluierungsaktivitäten zur Informationsbeschaffung von Leistungskriterien, um Strategien und Ziele für die Förderung der OR bereitzustellen
	Organisatorische Anforderungen	Die Auswahl der im Evaluierungsprozess verwendeten Leistungsindikatoren richtet sich nach der Branche, in der die Organisation tätig ist, den vom Top-Management festgelegten Kriterien und der Organisationskultur
	Ermittlung von Lücken	Die erste Bewertung der OR bildet die Grundlage, um Lücken zu ermitteln und das Konzept innerhalb der Organisation kontinuierlich zu stärken
	Überwachung und Bewertung	Methoden, Prozesse und Review zur Überwachung und Bewertung anwenden
	Reporting	Zusammenfassendes Reporting mit den wichtigsten Attributen zur Bewertung und Förderung der OR für das Top-Management bereitstellen

Projekt ein anpassungsfähiges, ganzheitliches Instrument, dass auf dem Quali-
tätsstandard *EFQM Excellence Modell* (European Foundation for Quality
Management) aufbaut (Ebd.).

Ziel ist es Unternehmen (insbesondere KMU), durch einen praxisorientierten
Leitfaden zur eigenständigen Resilienzförderung durch Maßnahmen der
Kompetenz- und Organisationsentwicklung zu befähigen, um damit die unter-
nehmensspezifische Anpassungsfähigkeit an aktuelle und zukünftige sowie
gesellschaftliche -und wirtschaftliche Rahmenbedingungen zu ermöglichen
(Ebd., S. 4 ff.). In dem zugrunde gelegten Resilienzverständnis wird zwischen
individueller- und organisationaler Resilienz unterschieden, wobei die Resilienzmodelle nach Hollnagel und Soucek et al. die Basis bilden (Ebd., S. 99 ff., siehe
auch Abschn. 3.2 und 3.4.1).

In Tab. 3.5 sehen Sie einen Überblick über die behandelten Dimensionen und
angebotenen Instrumente, Analysetools und Methoden, die auf den Projektseiten
des Instituts für Arbeitswissenschaft (IAD) hinterlegt sind (IAD 2019).

Die Analyse der individuellen Resilienz erfolgt mittels einer Mitarbeiterbefragung, hierzu ist ein Interview-Leitfaden *(EFQM plusR – Resilienz
Konzept)* mit 40 Fragen hinterlegt, der auf dem EFQM-Fragenkatalog
mit 32 Einzelkriterien basiert (Ifaa 2019 et al., S. 10 ff; IAD 2019). Das
Potenzial der organisationalen Resilienz wird mithilfe von Interviews und
Interessenzgruppenworkshops analysiert. Aufgrund der Ergebnisse lassen
sich anschließend Maßnahmen für das Unternehmen ableiten (Ebd.). Die Dar-
stellung der zentralen Ergebnisse erfolgt mittels eines Ampelsystems mit den
Dimensionen *Befähiger* (Führung, Strategie, Mitarbeiter, Partnerschaften und
Ressourcen sowie Prozesse, Produkte und Dienstleistungen) und *Ergebnisse*
(Kunden-, Mitarbeiter, Gesellschaftsbezogene Ergebnisse) sowie den *Schlüssel-
ergebnissen* (Ebd., S. 22 ff.).

Zur Durchführung empfiehlt das ifaa (Institut für angewandte Arbeitswissenschaft e. V.), mithilfe einer flankierenden Checkliste, ein Projektteam bereichs-
übergreifend einzurichten und die verschiedenen Akteure und Perspektiven, z. B.
aus der Personal- und Betriebsleitung sowie der Geschäftsführung einzubeziehen,
mit dem Ziel „die Identifikation und Priorisierung von Handlungsfeldern" (ifaa
2019., S. 4) in vier Prozessschritten (siehe Abb. 3.2) herauszuarbeiten (Ebd., S. 5).

Der Resilienzkompass bietet mit zusätzlichen Handlungshilfen ein umfäng-
liches Werkzeug, was Unternehmen befähigt die Entwicklung der individuellen-
und organisationalen Resilienz eigenverantwortlich zur Umsetzung von
Wandelanforderungen einzusetzen (Ebd., S. 4 ff.).

Tab. 3.5 Resilienzkompass: Überblick Dimensionen, Inhalte, Instrumente und Methoden. (Quelle: eigene Darstellung in Anlehnung an STÄRKE – Resilienzkompass IAD 2019; Ifaa et al. 2019, S. 11 ff.)

Dimension	Inhalte, Instrumente & Methoden
Führung Maßnahmen für eine resiliente Führung	Führungsstile, Führungskultur und Führungskompetenz
	Mitarbeitergespräche und Leistungseinschätzung
	Kompetenzrahmen von Führungskräften
Strategie Strategie, Leitbild und Maßnahmen für ein resilientes Unternehmen	Risikoanalyse (Excel-Tool)
	SWOT Analyse
	Kennzahlenmanagement, Markt- und Wettbewerbsanalyse und resilienzorientiertes Risikomanagement
Mitarbeiter Maßnahmen und Stressbewältigung für resiliente Mitarbeiter	Gesundheitsmanagement und Fehlzeitenanalyse sowie Konfliktfähigkeit
	Förderung der individuellen Resilienz
	Schulung der Konfliktfähigkeit
	Technologien in der Arbeitswelt mit Fokus auf die Produktion
Produkte, Prozesse & Dienstleistungen Maßnahmen zur Resilienz Förderung bezogen auf Prozesse, Produkte, Dienstleistungen	Verbesserung der Prozesse in Unternehmen
	Verbesserung der Kommunikationsprozesse
	Resilientes Wissens- und Kompetenzmanagement
	Methoden zum Prozessmanagement
Partnerschaften & Ressourcen Maßnahmen für resiliente Partnerschaften und Ressourcen	Systematisierte Kundenakquise
	Bewertungssystem für Lieferanten
	Strukturierte Kundeninterviews

Fazit

Für die Begleitung von Unternehmen, respektive einer (internen) Organisationsentwicklung (Def. siehe Kap. 5), lässt sich zusammenfassen:

- Die Implementierung eines resilience engineering (Resilienz-Management) ermöglicht Unternehmen eine eigenverantwortliche Potentialentfaltung von Resilienz auf individueller-, teambezogener- und organisationaler Ebene.
- Zentral ist das Kommittent des Top Managements, das sich für ein Resilienz-Management entscheidet und ein Mandat dafür in dem

Abb. 3.2 Projektabfolge Resilienzkompass in vier Prozessschritten. (Quelle: eigene Darstellung)

Unternehmen bestimmt sowie Ressourcen in Form von Projektmitgliedern und Projektzeiten zur Verfügung stellt. Empfehlenswert ist weiterhin ein kontinuierliches Monitoring für den Prozess und die Umsetzung von Maßnahmen zur Resilienzförderung.

- Der Resilienzkompass bietet mit seinem ausgearbeiteten und individuell anpassbarem Konzept, den umfänglichen Handlungshilfen, Faktenblättern und Methoden ein wissenschaftlich fundiertes und in der Praxis anwendbares Instrument. Mit dessen Hilfe lassen sich notwendige Kompetenzen ausbauen und eine Organisationsentwicklung zur Resilienzentfaltung ermöglichen.
- Die vorangestellten Konzepte und Instrumente nach Hollnagel, Soucek et al. sowie der ISO gehen einerseits in weiten Teilen in dem Resilienzkompass auf, andererseits bieten die ISO und das resilience engineering nach Hollnagel sowie die vorgestellten Konzepte einen reichhaltigen Fundus zur individuellen Ausarbeitung eines Resilienz-Managements.
- Die Forderungen und Erkenntnisse zur Umsetzung der digitalen Transformation finden wenig konkrete Beachtung, wie z. B. die Auswahl der

digitalen Strategie oder die zukunftsweisende digitale Vision der Führungskräfte. Über die Erfassung der Resilienzpotenziale liesse sich dennoch eine notwendige digitale Entwicklung als Handlungsfeld ableiten und umsetzten.

- Vernachlässigt wird die Betrachtung der Resilienz auf Teamebene sowie die Forderung von Schulte et al. ein Mehrebenenmodell, dass den ökonomischen Output abbildet.

- Die vorgestellten Instrumente lassen sich an die Belange zur Resilienzförderung eines Unternehmens individuell anpassen und damit branchenübergreifend anwenden. ◀

Synergieeffekte der Konzeptionen für Unternehmen 4

Die Konzepte der digitalen Transformation und der organisationalen Resilienz mit den angeschlossenen Instrumenten zur digitalen Reifegradentwicklung und zur Potenzialentwicklung von Resilienz in Organisationen können einander ergänzen, sodass Unternehmen durch den Synergieeffekt in ihrer Entwicklung davon profitieren

Das Zusammenwirken liegt klar auf der Hand, denn der Prozess der digitalen Transformation fordert in der Praxis, durch die marktbedingten schnellen Wandelanforderungen der Digitalisierung und der Automatisierung mit einhergehendem strukturellen Wandel von Unternehmen, einen hohen Grad an Flexibilität, schlanke Prozesse z. B. im Sinne eines Lean Managements, aber auch flache Hierarchien in Anlehnung an eine Demokratisierung von Führung sowie die Selbstorganisation von Individuen und Teams mit einem digitalen Mindset (siehe Kap. 2). Hierzu bietet der Entwurf der organisationalen Resilienz eine präventive und langfristige Perspektive, mit Blick auf Vulnerabilitäten und Risikofaktoren von Systemen, der psychischen Gesundheit von Menschen und dem Leistungserhalt auf individueller-, teambezogener- und organisationaler Ebene. Die Bewahrung bestimmter Funktionen und Strukturen, unter störenden Einflüssen oder Veränderungsmaßnahmen, durch Improvisation und Antizipation sowie die Verbesserung von Arbeitsabläufen, stehen dabei ebenso im Fokus, wie die gesamte Stärkung der Widerstandskraft von Organisation und ihren Mitarbeitern, durch Anpassungs- und Lernprozesse (siehe Kap. 3).

Die Kombination beider Konzepte, mit den angeschlossenen Perspektiven und modifizierten Instrumenten (siehe Abschn. 2.4 und 3.4), ermöglicht damit eine digitale und resiliente Transformation von Unternehmen. Mithilfe eines exemplarischen Beispiels wird das Zusammenwirken der beiden Konzepte nun für Sie veranschaulicht.

© Springer Fachmedien Wiesbaden GmbH, ein Teil von Springer Nature 2020
B. Cronenberg, *Organisationen digital und resilient transformieren*, essentials,
https://doi.org/10.1007/978-3-658-30241-2_4

Beispiel: Marketing und Personal/HR

Die Konzentration auf den technologischen Wandel und die Ausrichtung an die Kundenanforderungen kann die organisationale Resilienz schwächen, wenn z. B. der Kundenzufriedenheit ein höherer Stellenwert beigemessen wird als der Mitarbeiterzufriedenheit. Es werden z. B. Investitionen in die Digitalisierung für das Marketing getätigt, um die Kundenzufriedenheit zu monitoren und daraus Maßnahmen abzuleiten. Vielleicht wird dadurch kurzfristig eine quartalsmäßige Zielerreichung in der Kundenzufriedenheit über die neusten Big Data Konzepte durch das Marketing eingespielt. Die Mitarbeiterbefragung hingegen wird nur jährlich ohne Kennzahlenmonitoring oder gar nicht durchgeführt und schlägt sich spätestens mittelfristig über Krankheitsstände oder eine zunehmende Mitarbeiterfluktuation nieder. Auf der einen Seite führt das zu Ausfällen von Jobrollen und auf der anderen Seite zieht es eine Abnahme der Kundenzufriedenheit nach sich, was wiederum die Investitionen in das Marketing und die Kundenzufriedenheitsmaßnahmen verpuffen lässt und die Widerstandskraft des gesamten Unternehmens, gerade während angedachte Innovationsschübe, in vielerlei Hinsicht schwächt.

Durch das frühzeitige Anlegen der kombinierten und modifizierten Instrumentarien ließe sich präventiv entgegenwirken. Durch die Perspektive eines Resilienz-Managements ließe sich z. B. frühzeitig sichtbar machen, dass ein angemessener Stellenwert der Mitarbeiterzufriedenheit ebenso wichtig ist, wie der Stellenwert der Kundenzufriedenheit, um die Widerstandsfähigkeit des Unternehmens zu stärken. Mit der Sichtweise der digitalen Reifegradentwicklung ließe sich die Investition in einem geeigneten Big Data Konzept bündeln, um damit die Kunden- und die Mitarbeiterzufriedenheit abzubilden. Hierein fallen u. a. entsprechende Befragungstools, das Monitoring der Kennzahlen und die Umsetzung abgeleiteter Maßnahmen sowie ein kontinuierliches Monitoring des gesamten Prozesses, was zudem über das Resilienz-Management verankert werden kann. Marketing, Personal/HR und Unternehmensführung profitieren gleichermaßen durch ein einheitliches Echtzeitmonitoring der Kennzahlen, welches z. B. als Grundlage dient, um unternehmensweite Entscheidungen zu treffen und sich für Investitionen oder das verfügbar machen von Ressourcen auszusprechen. ◄

Dieses Beispiel zeigt Ihnen exemplarisch, wie sich die Konzepte ergänzen können, indem eine digitale Reifegradentwicklung und ein Resilienz-Management zusammenspielen und das es nutzbringend erscheint, die Konzeptionen in eine synergetische Architektur für die Unternehmensentwicklung zu überführen.

Fazit

- Die Konzepte der digitalen Transformation und der organisationalen Resilienz mit den angeschlossenen Instrumenten fördern die Unternehmensentwicklung.

- Mit der Zusammenführung und der Modifikation der Instrumente zur digitalen Reifegradentwicklung und des Resilienz-Managements, lässt sich eine digitale und resiliente Unternehmensentwicklung abbilden.

- Für eine ganzheitliche Unternehmensentwicklung empfiehlt sich die Gestaltung und Verankerung einer synergetischen Architektur. ◄

Organisationsentwicklung systemisch ermöglichen 5

Die Konzepte und Instrumente der digitalen Transformation und der organisationalen Resilienz basieren auf unterschiedlichen Zielstellungen und betrachten Organisationen aus verschiedenen Perspektiven. Während das Konzept der digitalen Transformation einen strukturellen Wandel durch technologische Entwicklungen verfolgt, um die Wettbewerbsfähigkeit der Unternehmung zu sichern, geht das Konzept der organisationalen Resilienz mit den angliederten individuellen und teambezogenen Ebenen auf die Potenzialentwicklung der Resilienz ein, um damit die Wandelanforderungen von Unternehmen widerstandsfähig zu meistern.

Grundsätzlich bedienen sich beide Konzepte den Erkenntnissen und den Instrumenten aus dem Feld der Organisationsentwicklung (OE), denn der OE wird nach Becker und Lucaby die wichtige Funktion zugeschrieben Unternehmen bei der Sicherstellung im Umgang mit den Wandelanforderungen mithilfe von innovativen sowie zeitgemäßen Konzepten und Maßnahmen auf dem Weg der Veränderung und der Gestaltung zielorientiert und geplant zu begleiten (Becker und Lucaby 2012, S. 1). Hierbei fallen neben der Betrachtung von Prozessen, Strukturen, Beziehungen und Individuen auch „Technologie, Strategie, Werte und Werthaltungen in den Objektbereich der OE" (Ebd.). Die OE betrachtet umfassend die Ebenen des Individuums (Mikroebene), der Gruppen (Mesoebene) und die gesamte Organisation (Makroebene) (Ebd.). Die konzeptionellen Wurzeln der OE liegen nach Trebesch in dem Konzept der sozio-technischen Systeme, der Datenerhebung und Rückkopplungsmethode sowie der Gruppendynamik nach Kurt Lewin (Trebesch 2004, S. 73).[1]

---

[1]Die Organisationsentwicklung mit ihren weiteren Ansätzen, wie z. B. der systemischen oder traditionellen Organisationsentwicklung, des Change Managements, der Lernenden

© Springer Fachmedien Wiesbaden GmbH, ein Teil von Springer Nature 2020
B. Cronenberg, *Organisationen digital und resilient transformieren*, essentials,
https://doi.org/10.1007/978-3-658-30241-2_5

Der sozio-technische Ansatz beruht auf der soziotechnischen Systemtheorie, die nach Kauffeld besagt, dass technische und soziale Systeme in einer
Organisation voneinander abhängig sind und sich wechselseitig beeinflussen,
sowie von Menschen verändert und gestaltet werden und schließt an die Systemtheorie an (Kauffeld 2014, S. 48 ff.). Arnold sagt zur Systemtheorie, dass es
sich dabei um ein breites Feld handelt, wobei zwischen neueren und klassischen
Systemtheorien unterschieden wird und die Gemeinsamkeit darin besteht, dass
„ein verändertes Verständnis komplexer Organisationen und ihrer Entwicklung"
(Arnold 2009, S. 17 ff.) zugrunde liegt. Hierzu bedarf es nach Kauffeld die Notwendigkeit eines Verständnisses, wie „Umweltbedingungen eine Organisation
beeinflussen, um das interne Verhalten der Organisation erklären zu können"
(Kauffeld 2014, S. 49) und versteht Organisationen als offene Systeme, die
sich aus Subsystemen und Teilen zu einem einheitlichen Ganzen zusammen-
setzen. Die Integration zu einer funktionierenden Einheit ist die Aufgabe des
Systems und besteht vorzugsweise aus unterschiedlichen Abteilungen (Logistik,
HR, Marketing, Vertrieb, Produktion, IT/EDV etc.), deren Verhalten es zu
koordinieren gilt, wobei die gemeinsame Strategieumsetzung das Leitziel darstellt
(Ebd., S. 48). Gleichermaßen stehen Organisationen in wechselseitiger Beein-
flussung und Interaktion mit der Umwelt, wie es das Open-System Model nach
Cummings und Worley abbildet und besagt, dass Organisationssysteme aus den
verbundenen Teilen von „Inputs, Prozessen und Outputs" (Kauffeld 2014, S. 48)
bestehen (Cummings und Worley 2009, S. 90 ff.). Das bedeutet, dass spezifischer
Input von Organisationen aus der externen Umwelt bezogen werden und durch
technische und soziale Prozesse in Outputs gewandelt werden, die wiederum
an die Umwelt, z. B. als Feedback bezüglich der Leistung von Organisationen
zurückgegeben und genutzt werden können (Cummings und Worley 2009,
S. 90 ff.; Kauffeld 2014, S. 48 f.).

Aus dem Blickwinkel der OE lässt sich die digitale Transformation (siehe
Kap. 2) damit als sozio-technischer Wandel verstehen, der in die Aufbau-
und Ablauforganisation eingreift und aus einem technikinduzierten Wandel
angetrieben wird und sich sowohl in kleinteiligen Innovationsschüben und Ver-
änderungszyklen als auch gleichermaßen in langfristigen Entwicklungen äußert
(Dolata 2011b, S. 14; Grossmann et al. 2015, S. 20; Schallmo et al. 2017, S. 33).

Organisation, der Theorie U oder der Organisationskultur, sowie deren Instrumente,
Methoden und Erkenntnisse, erstreckt sich über ein weites Feld, dass den Rahmen dieses
essentials übersteigt und bei Bedarf eigenständig vertieft werden kann.

Es empfiehlt sich den digitalen Wandelprozess bewusst und aktiv zu gestalten und in die Unternehmensstrategie über eine Roadmap zu verankern sowie den digitalen Reifegrad zu entwickeln (siehe Kap. 2). Gleichermaßen ist es sinnvoll diesen Veränderungsprozess für Unternehmen anpassungsfähig zu gestalten und die Widerstandskraft der Unternehmung zu sichern, wie es durch das präventiv und systemisch angelegte Konzept der organisationalen Resilienz mit den integrierten Betrachtungsebenen (siehe Kap. 3) und mit dem Blick auf Verletzlichkeiten, Risikoparametern sowie mit der Potenzialentwicklung von Resilienz ermöglicht. Empfehlenswert ist es ebenso, die Ausrichtung auf die Resilienzförderung in die Gesamtstrategie der Unternehmung z. B. durch ein Resilienz-Management, über die ISO oder den Resilienzkompass einzubinden.

Gleichermaßen sind die Konzeptionen der digitalen Transformation und der organisationalen Resilienz einerseits anschlussfähig an das Konzept der Organisationsentwicklung und andererseits bedienen sich beide Konzepte den Instrumentarien der OE und nehmen Einfluss auf die Unternehmensentwicklung. Von daher ist es sinnvoll die OE als Kernelement darzustellen, die sich sowohl in die Unternehmensstrategie verankern lässt als auch mit der Resilienzentwicklung und den Leitgedanken und Aktivitäten der digitalen Transformation und deren jeweiligen Wechselwirkungen zu verknüpfen. Mit dieser Perspektive lässt sich konzeptionell eine ganzheitliche Architektur der Organisationsentwicklung in das Unternehmen einbinden (siehe Abb. 5.1) und eine digitale und resiliente Transformation systematisch entfalten.

Grundlegend sei darauf verwiesen, dass die Organisationsentwicklung aktuell schwere Kritik erfährt. Wimmer stellt die Situation der OE zugespitzt dar und fasst zusammen, dass die OE sich an einem Scheideweg befindet. Er vermutet, dass die OE aufgrund der mangelnden Professionalität und der starken Fragmentierung den Punkt der Selbstaktualisierung verpassen wird, womit wertvolle und existentielle Erkenntnisse für die zukünftige Entwicklung von Organisationen verloren gehen (Wimmer 2012, S. 264 f.).

Vor diesem Hintergrund erscheint es einmal mehr von hoher Prägnanz die Organisationsentwicklung mit den Trendkonzepten der digitalen Transformation und organisationalen Resilienz zum Zweck der Selbstaktualisierung zu verbinden.

Gleichermaßen sei darauf hingewiesen, dass Sie als Akteur oder Begleiter des Wandels von Unternehmen nicht umher kommen ihre Kompetenzen mit dem weitreichenden Lernfeld der Organisationsentwicklung auszubilden. Hierzu bietet die fragmentierte Landschaft der Konzeptionen, Methoden, Instrumente und Erfahrungsberichte der OE nutzbringende Erkenntnisse und Ansätze, denn jedes Unternehmen steht mit seinen komplexen Herausforderungen an einem anderen Ausgangspunkt. Mit seiner ureigenen Organisationskultur begegt jedes

Abb. 5.1 Architektur einer ganzheitlichen, digitalen und resilienten Organisationsentwicklung. Quelle: eigene Darstellung

Unternehmen eine sehr individuelle Reise auf dem Weg der digitalen Transformation und enthält entsprechende Resilienzressourcen, die es dabei frei zu legen gilt.

Dieses *essential* bietet Ihnen hierzu, liebe Leser, eine fundierte Wissensbasis mit notwendigem Handwerkszeug und weiterführender Literatur zum Vertiefen. Eine grundlegende Architektur für den Ansatz einer ganzheitlichen Organisationsentwicklung wird Ihnen an die Hand gegeben. Diese Perspektive erlaubt es Ihnen, von unterschiedlichen Ausgangspunkten, in die Systematik einzusteigen und diese individuell auszugestalten.

Fazit

- Unternehmen lassen sich als sozio-technische verstehen, die mithilfe der Organisationsentwicklung durch Menschen beeinflusst, entwickelt und gestaltet werden können.

- Die konzeptionelle Integration der digitalen Transformation und der organisationalen Resilienz in das Kernelement der Organisationsentwicklung erlaubt eine nachhaltige und ganzheitliche Transformation von Unternehmen.

- Dieser integrative Ansatz erlaubt den Eingang in die Systematik unabhängig vom jeweiligen Entwicklungsstand des Unternehmens und ermöglicht die Gestaltung einer individuellen Lösungsarchitektur, indem die Konzepte entsprechend modifiziert werden.

- Eine professionelle Begleitung von Unternehmen erfordert eine Kompetenzentwicklung für die Akteure in den Feldern der Organisationsentwicklung, der digitalen Transformation und der organisationalen Resilienz. ◄

Was Sie aus diesem *essential* mitnehmen können

Abschließend erfahren Sie noch einmal zusammengefasst, was die wichtigsten Erkenntnisse aus diesem *essential* sind:

- Die digitale Transformation von Unternehmen ist mehr als die Einführung von Spitzentechnologien und erfordert aufgrund der komplexen Herausforderungen eine Verankerung in die Unternehmensstrategie zur systematischen Ausgestaltung.
- Das Konzept der organisationalen Resilienz ermöglicht es Unternehmen die komplexen Herausforderungen der digitalen Transformationen widerstandsfähig zu meistern, sofern der Ansatz unternehmensstrategisch verfolgt wird.
- Eine digitale und resiliente Unternehmenstransformation erfordert daher im Kern eine integrative und damit ganzheitliche Organisationsentwicklung, die in der Unternehmensstrategie zu verankern ist und damit den Rahmen für den Ausbau einer individuellen Lösungsarchitektur systematisch ermöglicht.
- Durch die individuellen Unternehmensbedarfe ist eine Anpassung der Instrumente im Kontext der Organisationsentwicklung erforderlich, um von der IST Analyse über einen Maßnahmenplan mit einem kontinuierlichen Monitoring und der Evaluierung einen nutzbringenden Mehrwert für Unternehmen zu schaffen.
- Für die professionelle Begleitung einer internen oder externen Prozessbegleitung von Unternehmen, sind Kompetenzen in den Bereichen der Organisationsentwicklung, der digitalen Transformation sowie der organisationalen Resilienz notwendig. Lernfähigkeit in laufenden Prozessen und in Netzwerken (unternehmens- und branchenspezifisch), ermöglichen dabei innovative und effiziente Entwicklungen von Lösungsarchitekturen.

© Springer Fachmedien Wiesbaden GmbH, ein Teil von Springer Nature 2020
B. Cronenberg, *Organisationen digital und resilient transformieren*, essentials,
https://doi.org/10.1007/978-3-658-30241-2

Literatur

Arnold, R. (2009). *Das Santiago-Prinzip. Systemische Führung im lernenden Unternehmen*. Schneider: Hohengehren.

Azhari, P., Faraby, N., Rossmann, A., Steimel, B., & Wichmann, K. S. (2013). Digital transformation report 2014. https://www.wiwo.de/downloads/10773004/1/DTA_Report_neu.pdf. Zugegriffen: 22. Dez. 2017.

Becker, M., & Labucay, I. (2012). *Organisationsentwicklung. Konzepte, Methoden und Instrumente für ein modernes Change Management*. Stuttgart: Schäffer-Poeschel.

Bendel, O. (2018). *Digitalisierung*. Wiesbaden: Springer Gabler. https://wirtschaftslexikon. gabler.de/definition/digitalisierung-54195/version-277247. Zugegriffen: 21. Febr. 2018.

BMAS. (2017). Weissbuch. Arbeiten 4.0. https://www.bmas.de/SharedDocs/Downloads/DE/PDF-Publikationen/a883-weissbuch.pdf?__blob=publicationFile. Zugegriffen: 12. Mai 2018.

BMBF. (2017). Bekanntmachung. Richtlinie zur Förderung von Forschungsvorhaben im Bereich Methoden und Werkzeuge für Aggregation und Disaggregation von Prozessen im Internet der Dinge – Resilienz und Ausfallsicherheit in offenen, emergenten IT-Systemen im Rahmen des Förderprogramms „ITK 2020 – Forschung für Innovationen". Bundesministerium für Bildung und Forschung. https://www.bmbf.de/foerderungen/bekanntmachung-1382.html. Zugegriffen: 12. Mai 2018.

BMVg. (2016). Weissbuch. Zur Sicherheitspolitik und der Zukunft der Bundeswehr. Berlin: Bundesministerium der Verteidigung. https://www.bmvg.de/resource/blob/13708/015be272f8c0098f1537a491676bfc31/weissbuch2016-barrierefrei-data.pdf. Zugegriffen: 12. Mai 2018.

BMWi. (2015a). Industrie 4.0 und Digitale Wirtschaft. Impulse für Wachstum, Beschäftigung und Innovation. https://www.bmwi.de/Redaktion/DE/Publikationen/Industrie/industrie-4-0-und-digitale-wirtschaft.pdf?__blob=publicationFile&v=3. Zugegriffen: 31. Jan. 2018.

BMWi. (2015b). Memorandum der Plattform Industrie 4.0. https://www.bmwi.de/Redaktion/DE/Publikationen/Industrie/memorandum-plattform-industrie-4-0.pdf?__blob=publicationFile&v=13. Zugegriffen: 9. Jan. 2018.

BMWi. (2016a). Digitale Strategie 2025. https://www.bmwi.de/Redaktion/DE/Publikationen/Digitale-Welt/digitale-strategie-2025.pdf?__blob=publicationFile&v=18. Zugegriffen: 23. Febr. 2018.

© Springer Fachmedien Wiesbaden GmbH, ein Teil von Springer Nature 2020
B. Cronenberg, *Organisationen digital und resilient transformieren*, essentials,
https://doi.org/10.1007/978-3-658-30241-2

BMWi. (2016b). Gute Geschäfte, zufriedene Kunden, erfolgreicher Mittelstand. Zukunftschance Digitalisierung. Ein Wegweiser. https://www.mittelstand-digital. de/MD/Redaktion/DE/Publikationen/zukunftschance-digitalisierung.pdf?__ blob=publicationFile&v=1. Zugegriffen: 23. Febr. 2018.

BMWi. (2017a). Global. Innovativ. Fair. Wir machen Zukunft digital. https://www. bmwi.de/Redaktion/DE/Publikationen/Digitale-Welt/global-innovativ-fair.pdf?__ blob=publicationFile&v=14. Zugegriffen: 28. Dez. 2017.

BMWi. (2017b). Monitoring-report. Wirtschaft Digital 2017. https://www.bmwi.de/ Redaktion/DE/Publikationen/Digitale-Welt/monitoring-report-wirtschaft-digital-2017. pdf?__blob=publicationFile&v=36. Zugegriffen: 2. Jan. 2018.

BMWi. (2017c). Weissbuch. Digitale Plattformen. Digitale Ordnungspolitik für Wachstum, Innovation, Wettbewerb und Teilhabe. https://www.bmwi.de/Redaktion/DE/Publikationen/ Digitale-Welt/weissbuch-digitale-plattformen.pdf?__blob=publicationFile&v=22. Zugegriffen: 2. Jan. 2018.

Danner-Schröder, A., & Geiger, D. (2016). „Organisationale Resilienz – Wie Unternehmen Krisen erfolgreich bewältigen können". Zeitschrift Führung und Organisation, 3. https:// www.wiso.uni-hamburg.de/fachbereich-sozoek/professuren/geiger/archiv/publikationen/ danner-schroeder-geiger-zfo-2016.pdf. Zugegriffen: 3. Apr. 2018.

Di Bella, J. (2014). Unternehmerische Resilienz. Protektive Faktoren für unternehmerischen Erfolg in risikoreichen Kontexten. https://madoc.bib.uni-mannheim. de/36639/1/Diss_JDB_final_Druck2.pdf. Zugegriffen: 3. Apr. 2018.

Cummings, T. G., & Worley, C. G. (2009). Organization development & change. Mason: South-Western.

Davenport, T. H. (1993). Process innovation. Reengineering work through information technology. Boston: Harvard Business School Press.

Dolata, U. (2011). Wandel durch Technik. Eine Theorie soziotechnischer Transformation. Frankfurt a. M.: Campus.

Fluhr, D. (2016). WePod in den Niederlanden. Autonomes Fahren & Co. Magazin für Autonome Autos, Vernetzung, Robotik und Künstliche Intelligenz. http://www.autonomes-fahren.de/WEPOD-IN-DEN-NIEDERLANDEN/. Zugegriffen: 19. März 2018.

Frey, D. (2016). Psychologie der Werte. Von Achtsamkeit bis Zivilcourage – Basiswissen aus Psychologie und Philosophie. Berlin: Springer.

Grossmann, R., Bauer, G., & Scala, K. (2015). Einführung in die systemische Organisationsentwicklung. Heidelberg: Carl-Auer.

Hartwig, M., Kirchhoff, B., Lafrenz, B., & Barth, A. (2016). Psychische Gesundheit in der Arbeitswelt. Organisationale Resilienz. https://www.baua.de/DE/Angebote/ Publikationen/Berichte/F2353-5.pdf?__blob=publicationFile&v=4. Zugegriffen: 26. März 2018.

Heller, J. (2015). Resilienz. Innere Stärke für Führungskräfte. Zürich: Orell füssli.

Heller, J. (2017). Resilienzmodelle für Organisationen. Wirtschaft + Weiterbildung. https:// www.coaching-kongress.com/wp-content/uploads/2018/07/2017_01_ww_Resilienz-modelle-für-Organisationen.pdf. Zugegriffen: 23. März 2018.

Heller, J. (2018). Vorwort von Prof. Dr. Jutta Heller. In C. Drath (Hrsg.), Die resiliente Organisation. Wie sich das Immunsystem von Unternehmen stärken lässt. Haufe Group: Freiburg.

Hellge, V., Schröder, D., & Bosse, C. (2019). Der Readiness-Check Digitalisierung. Ein Instrument zur Bestimmung der digitalen Reife von KMU. Mittelstand 4.0-Kompetenzzentrum Kaiserslautern. https://kompetenzzentrum-kaiserslautern. digital/wp-content/uploads/2019/01/Broschüre_Readiness_Check_Digitalisierung_ Januar_2019_final.pdf. Zugegriffen: 2. Sept. 2019.

Helmreich, I., Lieb, K., & Nitsch, R. (2016). Das Gehirn als „Resilienz-Organ". Forschung am Deutschen Resilienz-Zentrum Mainz. Journal Gesundheitsförderung. https://www. drz-mainz.de/files/2017/11/04_Helmreich-Lieb-Nitsch-2016_Das-Gehirn-als-Resilienz-Organ.pdf. Zugegriffen: 26. Febr. 2018.

Hess, T. (2016). Digitalisierung. Universität Potsdam. http://www.enzyklopaedie-der-wirtschaftsinformatik.de/lexikon/technologien-methoden/Informatik–Grundlagen/ digitalisierung. Zugegriffen: 22. März 2018.

Hieronymi, A., & Eppler, M. J. (2015). Kleines Kompelxitäts-ABC. *OrganisationsEntwicklung, 2015*(4), 21–32.

Hildebrandt, A. (2017). Nachhaltigkeit und Resilienz. Warum zwei Krisenbegriffe Anlass zu Hoffnung geben. In I. López (Hrsg.), *CSR und Wirtschaftspsychologie Psychologische Strategien zur Förderung nachhaltiger Managemententscheidungen und Lebensstile* (S. 165–173). Berlin: Springer Gabler.

Hofman, J., Noestdal, R., & Giordano, D. (2014). Einsatz, Bedeutung und Rechtliche Stellung von externen Spezialisten in Organisationen. https://www.iao.fraunhofer. de/lang-de/images/leistungen/einsatz-und-bedeutung-externer-spezialisten.pdf. Zugegriffen: 1. März 2018.

Hollnagel, E. (2009). The four cornerstones of resilience engineering. In C. P. Nemeth, E. Hollnagel, & S. Dekker (Hrsg.), *Resilience engineering persepectives* (Bd. 2, S. 101–114)., Oreparation and Restoration London: CRC Press.

Hollnagel, E. (2015) Introduction to the Resilience Analysis Grid (RAG). RAG – Resilience Analysis Grid. http://erikhollnagel.com/onewebmedia/RAG%20Outline%20V2.pdf. Zugegriffen: 1. Aug. 2018.

IAB. (2018). Job Futuromat. Könnte ein Roboter meine Arbeit erledigen? Institut für Arbeitsmarkt und Berufsforschung. https://job-futuromat.iab.de. Zugegriffen: 1. Aug. 2018.

IAD. (2019). Stärke. starke Beschäftigte und starke Betriebe durch Resilienz. Institut für Arbeitswissenschaft. https://staerke-projekt.de/de. Zugegriffen: 24. Okt. 2019.

IBM. (2018). Woran arbeitet Watson heute? https://www.ibm.com/cognitive/de-de/ outthink/?S_PKG=AW&cm_mmc=Search_Google-_-PLN+1087_PRG+1326-_-DE_ IDA-_-ibm+watson_Exact_AW&cm_mmca1=000027HR&cm_mmca2=10006704&cm_ mmca7=9043905&cm_mmca8=kwd-300463098144&cm_mmca9=f26f3f3f-e666-4066-bb0b-bc8ddc44175&cm_mmca10=265110606955&cm_mmca11=e&mkwid=f26f3f3f-e666-4066-bb0b-bc8ddc44175c%7C569%7C20599&cvosrc=ppc.google.ibm%20 watson&cvo_campaign=000027HR&cvo_crid=265110606955&Matchtype=e. Zugegriffen: 16. Febr. 2018.

ICAO. (2013). Safety Management Manual (SMM). Third edition-2013. International civil aviation organization. https://www.icao.int/NACC/Documents/Meetings/2014/ SSPCURACAO/SMM.pdf#search=Safety%20Management%20Manual%20 %28SMM%29%2E. Zugegriffen: 17. Juli 2018.

ifaa – Institut für angewandte Arbeitswissenschaft e. V. (2019). Checkliste individuelle und organisationale Resilienz – Ein Einstieg. https://www.arbeitswissenschaft.net/ fileadmin/Downloads/Angebote_und_Produkte/Checklisten_Handlungshilfen/Checkliste_Resilienz_Formular_AR.pdf. Zugegriffen: 25. Okt. 2019.

ifaa – Institut für angewandte Arbeitswissenschaft e. V., Institut für Arbeitswissenschaft Technische Universität Darmstadt (IAD), Institut der deutschen Wirtschaft Köln e. V. (IW), & Hochschule Fresenius Düsseldorf. (2019). Resilienzkompass zur Stärkung der individuellen und organisationalen Resilienz in Unternehmen. https://www.arbeitswissenschaft.net/fileadmin/Bilder/Forschung_und_Projekte/Resilienzkompass.pdf. Zugegriffen: 25. Okt. 2019.

ISO. (2017). Security and resilience – Organizational resilience – Principles and attributes. Reference number ISO 22316:2017(E). ISO 2017, Switzerland, Beuth, Berlin https:// www.beuth.de/de/norm/iso-22316/272586256. Zugegriffen 26. März 2018.

ITWissen.Info. (2017). IoT (Internet of things) https://www.itwissen.info/Internet-of-things-IoT-Internet-der-Dinge.html. Zugegriffen 24. März 2017.

Kane, G. C., Palmer, D., Phillips, A. N., Kiron, D., & Natasha, B. (2016). Aligning the organization for its digital future. MIT Sloan Management Review and Deloitte University Press, July 2016. https://www2.deloitte.com/content/dam/Deloitte/ie/ Documents/Consulting/2016_MIT_Deloitte-Aligning-Digital-Future.pdf. Zugegriffen: 13. Febr. 2018.

Kane, G. C., Palmer, D., Phillips, A. N., Kiron, D., & Buckley, N. (2017). Achieving digital maturity. MIT Sloan Management Review and Deloitte University Press, July 2017. https://www2.deloitte.com/content/dam/Deloitte/za/Documents/technology/za_DUP_ Achieving-digital-maturity.pdf. Zugegriffen: 18. Febr. 2018.

Kane, G. C., Palmer, D., Phillips, A. N., Kiron, D., & Buckley, N. (2018). Coming of age digitally. MIT Sloan Management Review and Deloitte Insights, June 2018. https:// www2.deloitte.com/us/en/insights/focus/digital-maturity/coming-of-age-digitally-learning-leadership-legacy.html. Zugegriffen: 24. Okt. 2019.

Kane, G. C. (2018). Introduction: Digital transformation might be different than you think. How to go digital. practical wisdom to help drive your organizations's digital transformation. MIT Sloan Management Review, EPUB Version 1.0 ed (S. 9–13). Cambridge: MIT Press.

Kauffeld, S. (2014). Arbeits-, Organisations- und Personalpsychologie für Bachelor. Berlin: Springer.

Kaune, A., & Bastian, H. (2010). Change-Management mit Organisationsentwicklung. Veränderungen erfolgreich durchsetzen. Berlin: Schmidt.

Koch, W., & Frees, B. (2017) ARD/ZDF-Onlinestudie 2017: Neun von 10 Deutschen online. Ergebnisse aus der Studienreihe „Medien und ihr Publikum" (MiP). Media Perspektiven 9/2017. http://www.ard-zdf-onlinestudie.de/files/2017/Artikel/917_Koch_ Frees.pdf. Zugegriffen: 19. März 2018.

Komus, A., & Pliete, C. (2014). Research: Branchenatlas digitale Transformation. https:// www.d-velop.de/branchenatlas-digitale-transformation/. Zugegriffen: 3. März 2018.

Lasi, H., Fettke, P., Kemper, H. G., Feld, T., & Hoffmann, M. (2014). Industrie 4.0. Wirtschaftsinformatik 56. https://doi.org/10.1007/s11576-014-0424-4. Zugegriffen: 7. Jan. 2018.

Leimeister, J. M. (2015). Einführung in die Wirtschaftsinformatik. Berlin: Springer Gabler.

Lingnau, V., Müller-Seitz, G., & Roth, S. (2018). *Management der digitalen Transformation. Interdisziplinäre theoretische Perspektiven und praktische Ansätze.* München: Vahlen.

Mazzone, D. (2014). Digital or death. Digital transformation – The only choice for business to survive, smash and conquer. Smashbox Consulting Inc.

McManus, S. T. (2008). Organisational resilience in New Zealand. https://www.resorgs. org.nz/wp-content/uploads/2017/07/organisational-resilience-in-new-zealand.pdf: Zugegriffen: 12. Mai 2018.

Meyen, M. (2015). Resilienz als diskursive Formation. Was das neue Zauberwort für die Wissenschaft bedeuten könnte. https://resilienz.hypotheses.org/365. Zugegriffen: 10. Mai 2018.

Mittelstand 4.0 Kompetenzzentrum Kaiserslautern. (2018). Readiness-Check. https:// kompetenzzentrum-kaiserslautern.digital/readiness-check/. Zugegriffen: 4. Apr. 2018.

Morgan, P. B. C., Fletcher, D., & Sarkar, M. (2013). Defining and characterizing team resilience in elite sport. Psychology of Sport and Exercise. https://www.researchgate. net/publication/257591611_Defining_and_characterizing_team_resilience_in_elite_ sport. Zugegriffen: 11. Mai 2018.

Näswall, K., Kuntz, J., Hodliffe, M., & Malinen, S. (2013) Employee resilience scale. Technical report. Resilient organisations research programme. https://www.resorgs.org. nz/wp-content/uploads/2017/07/employee_resilience_scale.pdf. Zugegriffen: 1. Aug. 2018.

Peck, A., Geiger L., & Sandrock S. (2016). Entwicklung eines Inventars zur Erfassung individueller und organisationaler Resilienz. In:GFA & Dortmund (Hrsg.), Arbeit in komplexen Systemen. Digital, vernetzt, human?! – B.6.4 (S. 1–4). Dortmund: GFA-Press.

Philipsen, G., & Ziemer, F. (2014). Mit Resilienz zu nachhaltigem Unternehmenserfolg. *Wirtschaftsinformatik & Management.* https://doi.org/10.1365/s35764-014-0405-9. (Zugegriffen 1. Febr. 2018).

Pousttchi, K. (2017). Digitale transformation. Universität Potsdam. http://www.enzyklopaedie-der-wirtschaftsinformatik.de/lexikon/technologien-methoden/Informatik–Grundlagen/ digitalisierung/digitale-transformation/digitale-transformation/?searchterm=Digitale%20 Transformation. Zugegriffen: 22. März 2018.

Prescher, T. (2017). *Walk the Talk. Wege zur achtsamen Organisation. Abschlussbericht zur Begleitforschung des Projektes Achtsamkeit im Unternehmensalltag.* Norderststedt: Books on Demand.

Ritz, F., Kleindienst, C., Koch, J., & Brüngger, J. (2016). Entwicklung einer auf Resilienz ausgerichteten Organisationskultur. *Zeitschrift für Angewandte Organisationspsychologie (GIO), 47,* 151–158.

Ross, J. W., Sebastian, I. M., & Beath ,C. M. (2018). How to develop a great digital strategy. How to go digital. Practical wisdom to help drive your organizations's digital transformation. MIT Sloan Management Review, EPUB Version 1.0 ed (S. 15–19). Cambridge: MIT Press.

Schallmo, D., Rusnja, A., Anzengruber, J., & Werani, T. (2017). *Digitale Transformation von Geschäftsmodellen. Grundlagen, Instrumente und Best Practices. Schwerpunkt: Business Model Innovation.* Wiesbaden: Springer Gabler.

Schmidpeter, R. (2016). Überblick und Hinführung – Zukunftsorientierte Organisationsentwicklung als Basis einer nachhaltigen Gesellschaft? In B. Schram (Hrsg.), *CSR und Organisationsentwicklung Die Rolle des Qualitäts- und Changemanagers*. Berlin: Springer Gabler.

Schulte, E. M., Gessnitzer, S., & Kauffeld, S. (2016). Ich – Wir – Meine Organisation werden das überstehen! Der Fragebogen zur individuellen, Team- und organisationalen Resilienz (FITOR). *Zeitschrift für Angewandte Organisationspsychologie (GIO), 47*, 139–149.

Semling, C., & Ellwart, T. (2016). Entwicklung eines Modells zur Teamresilienz in kritischen Ausnahmesituationen. *Zeitschrift für Angewandte Organisationspsychologie (GIO), 47*. https://doi.org/10.1007/s11612-016-0322-x. Zugegriffen: 23. Juni 2018.

Sheffi, Y. (2006). *Worst-Case-Szenario. Wie Sie Ihr Unternehmen vorbereiten und Ausfallrisiken mindern*. Landsberg am Lech: mi-Fachverlag.

Sheffi, Y. (2015). *The power of resilience. How the best companies manage the unexpected*. Cambridge: MIT Press.

Soucek, R., Ziegler, M., Schlett, C., & Pauls, N. (2016) Resilienz im Arbeitsleben – Eine inhaltliche Differenzierung von Resilienz auf den Ebenen von Individuen, Teams und Organisationen. *Zeitschrift für Angewandte Organisationspsychologie (GIO), 47*. https://doi.org/10.1007/s11612-016-0314-x. Zugegriffen: 3. Apr. 2018.

Stoltermann, E., & Croon Fors, A. (2004). Information technology and the good life. In B. Kaplan (Hrsg.), *Information systems research: Relevant theory and informed practice*. Boston: Springer.

Trebesch, K. (2004). Das Wurzelholz und die neuen Triebe. Ursprünge, Zielsetzungen und Methoden der Organisationsentwicklung und kritische Analyse. *OrganisationsEntwicklung, 2004*(04), 72–79.

Walker, B., Holling, C. S., Carpenter, S. R., & Kinzing, A. (2004). Resilience, adaptability and transformability in social-ecological Systems. *Ecology and Society, 9*. https://www.ecologyandsociety.org/vol9/iss2/art5/. Zugegriffen: 10.Mai 2018.

Wax, B. (2016). Pflege 4.0: Pflegeroboter können Personal entlasten. Mehr als eine Vision? http://www.healthrelations.de/pflegeroboter_klinik/. Zugegriffen: 19. März 2018.

Weick, K., & Sutcliffe, K. M. (2016). *Das Unerwartete managen. Wie Unternehmen aus Extremsituationen lernen*. Stuttgart: Schäffer-Poeschel.

Werner, E. (2005). Resilience and recovery: Findings from the Kauai longitudinal study. Focal point. Research, policy, and practice in children's mental health 19. https://www.pathwaysrtc.pdx.edu/pdf/fpS0504.pdf. Zugegriffen: 18. Dez. 2017.

West, B. J., Patera, J. L., & Carsten, M. K. (2009). Team level positivy: Investigating positive psychological capacities and team level outcomes. *Journal of Organizational Behavior, 30*. https://digitalcommons.unl.edu/cgi/viewcontent.cgi?article=1020&context=managementfacpub. Zugegriffen: 11. Mai 2018.

Westerman, G., Calméjane, C., Bonnet, D., Ferraris, P., & McAffee, A. (2011). Digital transformation: A roadmap for billion-dollar organizations. MIT Sloan Management Review. https://www.capgemini.com/wp-content/uploads/2017/07/Digital_Transformation__A_Road-Map_for_Billion-Dollar_Organizations.pdf. Zugegriffen: 19. Jan. 2018.

Wimmer, R. (2012). *Organisation und Beratung. Systemtheoretische Perspektiven für die Praxis*. Heidelberg: Carl-Auer.

Wink, R. (2016). Resilienzperspektive als wissenschaftliche Chance Eine Einstimmung zu diesem Sammelband. In R. Wink (Hrsg.), *Multidisziplinäre Perspektiven der Resilienzforschung* (S. 1–11). Wiesbaden: Springer Fachmedien.